思えば91歳——

レ、長く生きたものです

脳科学者にほめられたボケない暮らし

脳科学者の方にほめられた、私の普段の暮らしをご紹介します。これをやっていれば絶対ボケない！とは言い切れませんが、専門家にほめられるとうれしいものですね。

モノは捨てない

思い出の詰まった「モノ」は、昔の記憶を呼び覚ます「キー（鍵）」になるから、無理に捨てなくていいのだとか。それを聞いて、正直ほっとしましたね。特に捨てられないのは本や資料。自分の生きた証しですから。今も、どんどん増えています。

おしゃれ心を忘れない

仕事のときや、人に会うときは、美容院に行ったり、顔まわりに明るいスカーフを選んだり。おしゃれ心＝社会性がある、ということだと思います。無理に新しい服を買わなくても、服や小物の新しい組み合わせを考えるのだって、脳にはいいんです。

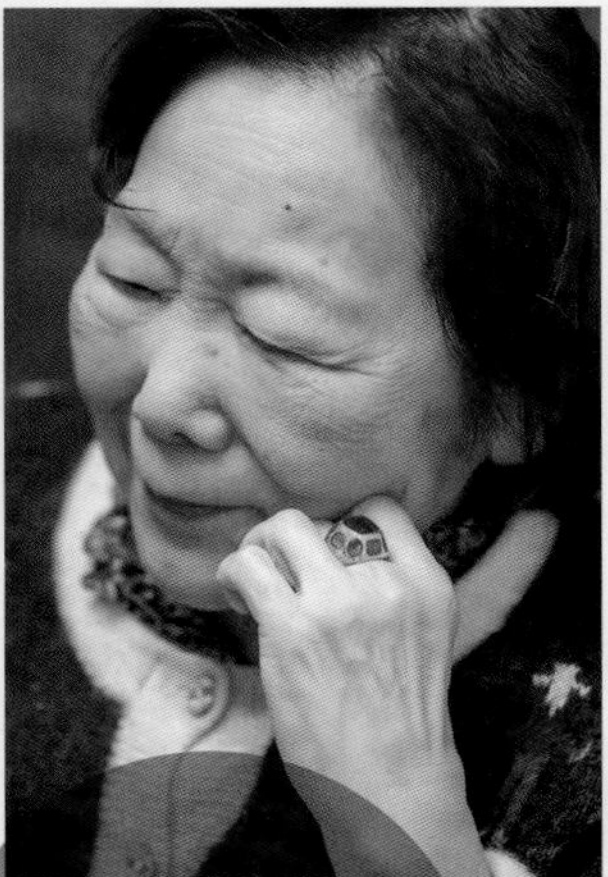

手のシワが気になる？
いいえ、大きなリングに
目が行くでしょう？

旅先でも
スカーフの
おしゃれを
楽しみました

たわいもない話をする・筆まめに

子どもの頃からおしゃべりが好き。古い友人もずいぶん少なくなりましたが、ある人には電話をかけたり、ある人には手紙を書いたり。好物をいただいたら、お礼状をさっとひと書き。はがきや切手はいつもそばに置いてあります。こうやって、いまだにいろんな人とつながっています。

電話や、耳が遠くなった人には手紙を今はやりのパソコンを使った「Zoom《ズーム》」もやっています

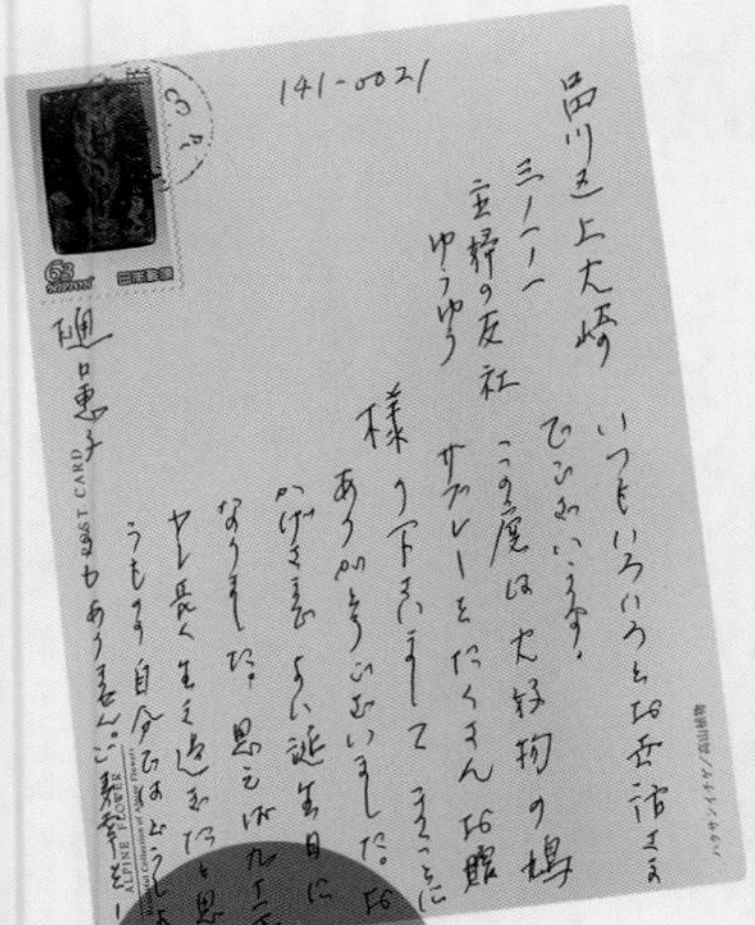

お礼状もすぐ書きます

猫を愛する

樋口家には猫が欠かせません。ダン、ピー、タヌキ、ジャスティ……。家族の一員として、長年愛してきました。私が執筆中に広げた、資料の上にどーんと座るのも、「お猫さま」らしくて、かわいいです。猫かわいがりする＝深い愛情を注ぐ対象がいることは、脳の健康にもよさそうです。

社会に関心をもち続ける

いまだに新聞は3紙とって、読んでいます。私が理事長を務める「高齢社会をよくする女性の会」の全国大会も長年続けています。2022年は小田原大会（上写真）で、介護問題などを論じました。600人もの方においでいただき、感謝しております。

高齢社会をよくする女性の会・小田原大会メインビジュアル

二宮尊徳さんの出身地小田原

80歳のとき、中国で開催された国連主催のシンポジウムで「持続可能な高齢化社会の構築」についてスピーチを。同席したミャンマーの女性医師と。

花を愛でる

同居している娘は庭いじりが趣味で、バラやクリスマスローズ、ユリ、山野草などさまざまなものを育てています。やっぱり緑があるとほっとします。私は愛でるだけですが。嗅覚が衰えると認知症のリスクが高まると専門医が言っていました。郵便受けに新聞を取りに行くのが日課で、花の香りをかいでいます。

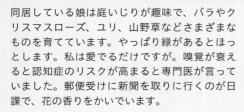

なるべく自力で歩く

84歳で建て替えた自宅には、エレベーターをつけました。荷物を2階へ運ぶのに役立っています。でも普段は階段を使って、なるべく歩くようにしています。自宅の廊下を往復するのも立派なリハビリにつながります。

エレベーターは重いものを運ぶときに

普段、自力で歩いているので「高齢社会をよくする女性の会」の全国大会で、立って挨拶できました。

いつまでも食いしん坊

もともと食べるのも料理するのも好き。80歳で調理から引退しましたが、週2回はシルバー人材センターの方に来ていただき、おいしい料理を作ってもらっています。おやつもあればいただきます。好物は豊島屋の鳩サブレー、新宿中村屋のかりんとう、巴裡 小川軒のレイズン・ウイッチ。ついついふたつ目をいただくことも。

84歳で建て替えた「ヨタヘロ期」※の終の住み処

雨漏りや盗難などがあり、防災・防犯の面で家の寿命を感じていました。

高齢者施設への入居用に貯めたお金を、新築の資金に充てて、金欠でプチうつになったりもしましたが、今は建て替えて暮らしが快適に！

満足しています。

※140ページを参照。

窓ガラスなども防犯仕様でなく普通のものでした

Before 築30年超だった木造の家

1階のリビングと書斎が一緒になっていた昔の家 執筆中は、資料が散らかることも

After 建て替えた鉄筋コンクリートの新居

娘にせめて家くらい残してやりたかった。親子で住んでいると、相続税が軽減されるということもあり、建て替えを決意したんです。

91歳が安心して住める家

老いる体でも住みやすいよう工夫をしました。
バリアフリーは当たり前。
それ以外にもいろいろ考えて造ってあります。

1 書斎・寝室・クローゼット（ボケ防止スペース）を近くに

書斎と寝室は同じ空間に

疲れたらすぐ横になれます。前の家でも書斎に布団を敷いていたんですが、ベッドだと寝たり起きたりが格段にラク。書斎では原稿を書いたり、本を読んだり。ボケ防止につながります。

大きなウォークインクローゼットも

ベッドのそばに、季節の洋服をかけてあります。季節のもの以外の服や小物は、奥の扉の大きなクローゼットに。これでもずいぶん減らしたんですよ。

2 手すりはたくさん

廊下、階段、トイレ、浴室……どこにも手すりをつけています。手すりのおかげで何とか普通の暮らしが送れています。

3 すっきりスペースを確保

インタビューなどはこの客間で

取材を受けたり、お客さまをお迎えしたりするのはこの客間で。ここだけは絶対に散らかさないと、心に決めています。シックな内装にしました。

4 ラクラクアイテムを取り入れる

電動雨戸

つけてよかったと思うのは、電動雨戸。重い雨戸を出したり引っ込めたりは大変。これならスイッチひとつで、シャッターの上げ下ろしができ、防犯にもなります。

風呂場は乾燥機能つき

毎回ベランダまで干しに行くのは大変。脱衣所に洗濯機があり、風呂場ならすぐ隣に干せて便利です。浴槽は、またぎやすい低めのものに。

100歳に向けて人生の歩み

楽しいことばかりではなく苦難もあるけれど、やっぱり生きることは面白い！

1932年　東京生まれ

13歳　終戦

15歳　結核を経て修学旅行へ

22歳　父を亡くす

東京女子高等師範学校附属高等女学校（現・お茶の水女子大学附属高等学校）に進学。京都への修学旅行中、級友たちと。

25歳　結婚

26歳　娘が誕生

31歳　夫を亡くす

会社員時代にエンジニアの男性と結婚。ウエディングドレスを着ました。

妊娠時、つわりが非常に重く、半年入院したほど。無事に娘が生まれました。

50歳　新しいパートナーと

ジャーナリストだった新井直之さんと事実婚を。53歳で東京家政大学の教授に就任。

50～60代　教職の傍ら、さまざまな国を視察。「高齢社会をよくする女性の会」で政策提言も

66歳　乳がんの手術を受ける

70歳　東京都知事選挙に出馬

2003年、反石原慎太郎派として出馬。健闘するも惜しくも落選。

88歳　著書『老～い、どん!』『老いの福袋』などがベストセラーに

89歳　二度目の乳がんの手術を受ける

91歳　『老いの地平線 91歳 自信をもってボケてます』を上梓

ボケる、ボケないは
神様に任せるよりしようがない

それでも……

人の長所を認めること
それを口に出してほめるところ

そういう私の長所を失わずに
そのまま人生を閉じられたら
どんなにいいだろう

樋口恵子

老いの地平線

樋口恵子

91歳
自信をもってボケてます

主婦の友社

はじめに

5月に誕生日を迎え、91歳になりました。

ありがたいことに、この年になってもまだ取材を受ける機会が多いのですが、近頃は「90歳を過ぎてもボケない秘訣を教えてください」などと聞かれることがあります。そんなとき、私はこう答えます。

「自信をもって言います。ボケてます」

何と言われたって、もう91歳だよ。ボケてなかったら不思議じゃんか。

ボケていて自然だと思っていますから、そういう意味では自信をもっております。

はっきり言えるのは、かつて——60代、70代の頃に思っていた90歳と、実際になってみた90歳はまるっきり違うということ。体の面であれ人間関係であれ、想像していたのとはかなり違います。

たとえば、90歳は何かにつまずかなくても、立っているだけで転ぶ。昔、私に老いの手本を示してくださった先輩からそんなお話を聞いたときには「へえ～」なんて生返事をしたものですが、90歳になった自分がふわーっと転んだとき、ようやく理解できるようになりました。

90代になっても一つひとつが発見です。そして発見は日々新た。100歳まで生きれば発見もなくなると思うのですけれど、さて、どうなることやら。

こんな具合に、老いても老いても、その先にまた新たな老いがあるのです。老いには限りがなく、いまだ地平線は見えません。

はたして、この「老いの地平線」には何があるのか――。

「老いのトップランナー」を自任している私が、自分の老いを実況中継しながら、皆さんにお伝えしてご一緒に考えていきたいと思います。

ヨタヘロしつつ、ボケつつ。

何とも頼りない老い方ではありますが、この本がこれから果てなき地平線へと向かう皆さまの心を、少しでも共有する道標となればうれしく思います。

老いの地平線
91歳 自信をもってボケてます

もくじ

第4章　捨てるより、好きなものに囲まれて　111

スペシャル対談

「貧乏ばあさん」でも慌てない今から準備できること

上野千鶴子さん（社会学者）×樋口恵子さん

第7章　「多死社会」を生きるあなたへ、エール　189

第1章

老い方、ボケ方、人生いろいろ

自信をもってボケてます

認知症は私も怖いです。こんなことがありました。机の上から必要な書類がなくなり、必死で探したら、捨てるつもりのゴミの山の中から出てきて、ゾゾッとしました。親友のひとりは、出先で受け取ったダンスのお手本のビデオを紛失したと思ったら、1週間後に自宅の冷蔵庫の野菜室で発見。どうやら受け取った後に、スーパーで買った野菜の袋に入れて持って帰り、そのまま冷蔵庫に放り込んだらしい。野菜室の底で冷え切ったビデオを見つけた際は、「私、大丈夫かしら……」とゾゾーッとしたそうです。
そんなこともありますが、怖がってばかりいないで、「認知症になったらなったで仕方ない！」と開き直ることも必要かなと。ボケる、ボケないは神様に任せるよりしようがないですから。私も2023年、91歳。年齢なりにボケている！と自信をもって言えます。「自分は絶対ボケない、ボケてない！」と言うよりは、自然かなと思います。

ただし、ひとり暮らしの場合、引きこもらずに、外に出ていって人と話をすることは必要だと思います。人とコミュニケーションをとることが、認知症予防や進行を遅らせるのにも大切といわれますし、きっとまわりに早く発見してもらえるはず。初期での発見は大事であり、**薬で進行を遅らせる**こともできるようです。

薬で進行を遅らせる
現在、アルツハイマー型認知症に使う薬が4種類、レビー小体型認知症に使う薬が1種類認可されている。

それから、きれいごとすぎるかもしれませんが、認知症から逃げることだけを考えず、「仮に認知症になっても安心できる社会をつくっておくため、自分に何かできることは？」と自分自身に問いかけてみてはどうでしょう。それと並行して、何歳になっても認知症についての勉強をしておきたいと思います。

残っている記憶力はプラスのほうに使う

脳科学者である東北大学の瀧靖之先生との対談（48ページ）で、「昔の話をするのはいい習慣」とほめていただきましたが、それは単に今が面白くないからかもしれません。昔はよかった、あのときは面白かったと、思い出すことが多いのでしょう。

私は励まされる場面を人生の中でたくさんいただいたからだとも思っ

ています。ありがたいことです。だからへこたれても大抵、「こんないいときもあったぞ」「こう言ってくれた人もいたんだから頑張らにゃ」と思えます。

そんなふうに、90代で残っている記憶力はプラスのほうに使いたいと思っています。だって、恨みつらみだけを覚えていてもしょうがないですから。

誰かに言われた言葉が悔しくて忘れられないのであれば、「負けずにやってやろう」と、悔しさを糧にすればいいのです。「悔しい」だって、とてもいいプラスのエネルギーになりますよ。

とはいえ、過去には私にも「生きているうちは負けそうだから死んだら化けて出てやろう」と思うような人もおりました。

けっこうけんかもしたし、「ぐぬぬ」と唇をかんだこともあったし、電話をかけてもう一度文句を言ってやろうかと思うときもあったし。でも、またけんかをやり直すのは「えらいこっちゃ」と思うから、ぐっと我慢しました。だから、あの世から化けて出てやろうと思ったのです。

ところが、みんなだんだんといなくなってしまいました。私より先にあの世に行ってしまったのです。今はもう化けて出る相手もいません。

そして、そういう恨みの気持ちは時間が経って薄らぐこともあり、あの人は化けて出るどころか本当は自分の味方だったのだと思い直すこともあります。

だから、恨みつらみなんていうのもそのときどきのことで、ある意味、豊かな人間関係のひとつと思えるようになりました。

こちらが恨み骨髄と思うほどに深く関わってくださって、誠にありがたいと思います。

悲観するより人に聞け

90代になった私が、最初にダメになったのが曜日の観念です。

私は70歳まで東京家政大学の教授をしておりました。定年退職した後、80代になってから再びご指名いただいて、**東京家政大学・女性未来研究所**の所長に。というわけで、私は定年延長的な生活を80代半ばくらいまで続けたのです。

職員会議の日付は忘れちゃいけないし、月に一度くらいは定例会議がありますから、80代になってからも曜日の観念は常にもっていました。

東京家政大学・女性未来研究所
平成26年に設置された。女性の活躍を支援し、キャリア・子育て・健康など、女性の人生における主要なテーマについて研究。樋口さんは現在、名誉所長。

ところが大学の仕事がなくなったら……まず曜日がわからなくなりました。寝て、起きたら「今日は何曜日だったかしら?」。ボケの限りを尽くしています。

娘にも朝、聞かれます。「お母さん、今日は何曜日?」と。

テストされているのがわかるから、こっちは「はて?」と真剣に考えます。日々、こんな調子です。

でも、これがわからないあれもできないとあれこれ考えて悲観するより、人に聞け、です。曜日の観念がなくなっても、身近に頼れる人がいるのであれば、聞けばよいのです。

そんなときのためにも、バカにしないで教えてくれる人を2～3人つくっておくといいかもしれません。毎日のように「今日は何曜日?」なんて聞かれる電話につき合ってくださる親切な方がいらっしゃれば、ですけれど。

私の場合は幸いにも心強い助手やシルバー人材センターの人が週に二度ほど自宅に来てくれますので、「今日は何曜日？」「今週のスケジュールは？」と繰り返せば、多少のあきれ顔はされつつも教えてもらえます。

90歳を過ぎて、これだけスケジュールが立て込んでいることはありがたい。身近にスケジュールを管理してくれる人がいるというのは心強いものです。

老いこそダイバーシティ

最近よく耳にする「**ダイバーシティ**」という言葉。直訳すると「多様性」という意味です。年齢、性別、人種、価値観など、さまざまな属性の人が互いの個性を受け入れながら共存する、それが今の世の中です。

老いる立場から言わせていただくと、老いこそダイバーシティの見本。みんな一様に年老いていくように思われがちですが、そんなことはありません。老い方もボケ方も多種多様なのです。

ダイバーシティ
Diversityとは、多様性の意。

ある日、かつてジェンダー平等の活動を一緒にやっていた方に私が頼み込んで資料を送っていただいたのですが、こう言われました。

「樋口さん、頼まれた資料はすぐにお送りしますけれど、これから先のお願いです。悪いけれど連絡はお手紙でくださらない？」

「今のあなたのお声がやっと理解できるギリギリの線です。次からのご用件は手紙でお願いします」

耳が遠くなった、この方の老いは難聴という形で表れたわけです。


そのまた翌日くらいに、90歳過ぎの友人から電話がかかってきました。寂しがってのたわいもない電話です。

「忙しい樋口先生を煩わせては悪いから禁欲しますけれど、月に一度15分ぐらい、朝に電話してもいいですか？」

彼女は今の私以上に文字を書くのが得意で、折々に絵はがきを送ってくださっていました。それが、右手の指３本が持病で使えなくなったとのこと。私は「あら、どうぞ」と答えました。

いつも電話で話していた人は耳が遠くなったから文字で書いてほしいと言い、右手の指３本が使えなくなった人は電話で話してほしいと言い。他にも、いろいろできなくなったけれどパソコンのボタンだけは押せるから、パソコンで通信したいと言う人もいます。

要するに、老いこそ多様なのです。老いというと十把一絡げのように思われるけれど、実はその人が使える残された感覚と能力というのは非常に個性的。いろいろな老い方があるのです。

それを「うへえ」と思う半面、さすが今という時代、これだけ多様な通信の手段があることを思えば、老いてもまだまだ他者とつながれる可能性がある、と受け止められます。この人に電話するのはダメだけれど手紙が書けるとか、手紙は書けないけれど電話やパソコンでなら交流できるとか。

悲観しても始まりません。高齢社会というのは、平和で長く生き延びられる人が多くなる社会。ひとりひとりに有効なコミュニケーション手段は異なり、多様になっています。それぞれに対応しながらコミュニケーションを広げていくことを、現代の多様性の勝利として受け止めるか、ブツブツブツブツ愚痴だけ言って過ごすか、それは自分次第です。

私は「いろんな人がいて、いつまでもおつき合いできて、けっこうな時代ですこと」と言って死のうと思っています。やっぱり老いというのは、自他ともにすごく面白いですから。

人生、いろいろあらぁな

老いはダイバーシティと申し上げました。老いが多様なら亡くなり方も多様。皆それぞれに亡くなっていきます。

だから私はよく、意地の悪いお姑さんに、「嫁に『あなたのお世話にはなりませんからね』と言ってはいけない」と言っています。

法治国家の国民は、誰かのお世話にならなきゃ死ねないのです。自宅で、老衰で亡くなったとしても**「自然死ですよ」という証明**をもらわなければいけない。それをもらうためには、それなりのマナーが必要で

「自然死ですよ」という証明
継続的に病気を診てもらっていたかかりつけ医がいる場合、その医師に「死亡診断書」を発行してもらう。いない場合は、警察署に連絡をする。事情聴取と現場検証を経て「死体検案書」が発行され、火葬や納骨の手続きへ進むことができる。

す。

嫁には「あなたのお世話になって死にたいわ。よろしく〜」と言って、ニコッと笑わなきゃいけない。そのほうが絶対に面白い。

そして、「お世話にはならない」という言葉は子どもにも言ってはいけません。私は娘とどんなに大げんかしても、「あんたの世話にはならない」とは言ったことがありません。

子どもの世話にならず、じゃあ誰の世話になるの？

皆さん**介護保険制度**に期待しているのだと思いますが、その介護保険の届け出をしてくれるのは誰？　ヘルパーさんに電話をしてくれるのは誰なの？という話です。「ピンピンコロリ」で逝ければラッキーですが、そんな人は専門家の話によると5人に1人くらいのものだそうです。

介護保険制度
介護を家族や女性だけの負担にせず、社会全体で支えることを目的とし、2000年に創設された。樋口さんは1980年代からこの問題にいち早く向き合い、政策提言や女性集会を重ね、制度創設の実現に多大な貢献を果たした。

人生、いろいろあらぁな。

とはいえ、悩んだってしょうがないのだから、楽天的にいくことです。

樋口だってあの戦争を生き抜いて楽しそうにやっているんだから、私も何とかなるだろう、と思ってください。自分にどういう形の老いが訪れるか、その先どうなるか、そんなことは心配しても始まりません。

ある程度の老後資金計画は練りつつ、娘や嫁にニッコリしたり、子どもがいない人はお金を払って**第三者にお金の管理や死後のことを頼んで**おいたり。

そうして、自分の死に方にしっかり方針をもつこと、周知しておくことが大事です。

第三者にお金の管理や死後のことを頼んで
死後事務委任契約など。本人が亡くなった後に、死亡届の提出、葬儀の手配、医療費の支払い手続きなどを、本人に代わって行うことを約した契約。弁護士や、行政書士、地域の社会福祉協議会、NPO法人などと、生前に契約を結ぶ。

スペシャル対談

ボケすぎない樋口さんの秘訣とは

現在も活躍を続け輝いている樋口恵子さん。
年齢を重ねても現役を続けられるカギは
「日々の習慣にもあり」と脳科学者・瀧靖之さんは話します。

昔話は脳の活性化につながる

樋口　今、私は**「ヨタヘロ期」**の真っただ中で、毎日スタッフやシルバー人材センターの方々に支えてもらいながら、何とか仕事を続けている状態でございます。脳は衰えるばかりと思っていましたが、先生の研究

「ヨタヘロ期」

140ページを参照。

瀧 靖之さん

東北大学加齢医学研究所教授

たき・やすゆき●1970年生まれ、北海道出身。東北大学大学院医学系研究科博士課程修了。東北大学加齢医学研究所機能画像医学研究分野教授。東北大学スマート・エイジング学際重点研究センターセンター長。『回想脳』『生涯健康脳』『「賢い子」に育てる究極のコツ』など著書多数。

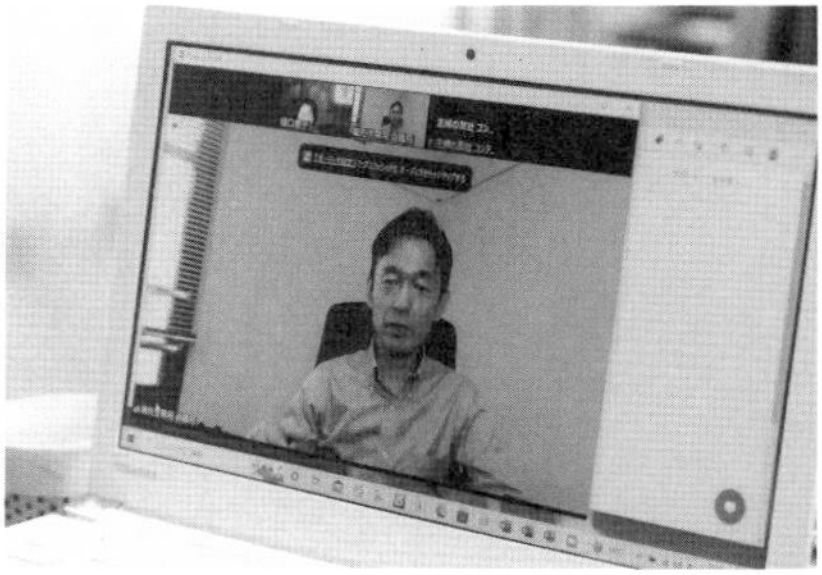

対談はZoom（ズーム）を使ってオンラインで

ではそうではないとか。興味深々です。

瀧　おっしゃるとおり、これまで脳は年を重ねるごとに神経細胞が死滅していく一方だと考えられていました。ところが、記憶などを司る「海馬」という部位では、神経細胞が毎日新たに生まれていることがわかり、脳には可塑性《かそ》があることも明らかになってきました。

樋口　可塑性、つまり変わり続ける力があるということですね。

瀧　語学でもスポーツでも楽器でも、何歳で始めても上達できる。年をとるほど習得に多少時間はかかるようになりますが、やればやっただけ伸びる。努力は必要ですが、年齢であきらめることはないのです。

樋口　90歳でも！

瀧　はい。ただそのためには「運動」「趣味・好奇心」「会話」「食事」「睡眠」、そして、「主観的幸福感・幸せを感じる」という、6つの要素が大切になってきます。

樋口　それを伺って生きる勇気が湧いてまいりました（笑）。特に会話。私、おしゃべりが大好きなのです。毎日、長電話する友人が数人おりますの。

瀧　素晴らしい。「おしゃべりが好き」「昔の話をする」「猫を飼っている」「本を捨てられない」など、樋口さんの日常の習慣を前もってお聞きしたのですけれど、どれも脳にとっていいことばかりで、なるほど90

歳でも脳が健康で現役でいらっしゃるわけだと、感心させられました。

樋口　あら、いいんですか。昔の話なんかをしても。

瀧　もちろんです。過去を振り返って懐かしさを感じることには、「脳の健康を維持し、認知症の進行を抑える」「未来に向かって生きる力をつける」「ストレスを解消し、気分転換を助ける」「主観的幸福感が得られる」という4つの効果があるのです。

樋口　まあ、同居している娘に教えてやらなきゃ。昔話をして年寄りくさいと、年中、憎まれ口を叩いておりますの（笑）。

瀧　遠慮せず、どんどん懐かしい昔話をなさってください。私も昔話を楽しむほうなのです。

樋口　あら、お若いのに珍しい。昔語りを嫌がる若い人が多いのに。

瀧　若くても好きな人は多いのではないでしょうか。たとえばかつて訪ねた場所を思い出すと、「あの人と一緒に行って、あんな話をした」というように、過去の自分、さらには人との温かいつながりなど、記憶が広がっていきますよね。それってうれしいことじゃないですか。

樋口　当時の自分を取り巻く状況まで鮮やかに思い出します。

瀧　幸せな気持ちになりませんか。

樋口　そうですね。私は特別に恵まれてきたわけでもなく苦労もそれなりにありましたが、大変だったことはあまり思い出さず、近頃は楽しかったことを思い出すのです。いろいろあってもトータルで見れば幸せな人生だと感じているのかもしれません。

人と共感し合う会話が幸福感につながる

瀧　過去の記憶を思い出そうとしているときによく動く脳の領域は、未来を想像するときに働く領域と近いということもわかっているのです。つまり昔のことを思い出すのと、先のことを考えるのとは、脳の中ではかなり一致しているのですね。

樋口　過去と未来は、脳の中でつながっている?

瀧　ええ。過去のことを思い出しつつ、未来のことを考えているというのがわかってきたのです。ですから、昔話は未来に向かっていくポジティブな行為なのではないかとも推測できるのですよ。

樋口　温故知新のようなことが脳内で行われているのですね。娘が「昔は昔、今は今」と私の話を遮ろうとしたら、「過去と未来を考える脳の部位は近いのよ」と言ってやらなきゃ。

瀧　そういう会話のできる相手が身近にいるというのも、素晴らしいことです。

樋口　丁々発止ですから、うかうかしていられませんの。

瀧　会話は情報をやりとりするだけではなく、言葉を通して共感し合うもの。ですから気軽におしゃべりする相手がいることが、幸福感と脳の活性化につながるのですね。逆に、幸せや楽しさを分かち合う相手がいない社会的孤立は、脳にとってもよくないのです。

無理して捨てない。モノには記憶が詰まっている

瀧　樋口さんは本を捨てられない性分だとか。

樋口　そうなのです。84歳で家の建て替えをしたとき、蔵書を半分に減らせと娘にせき立てられましたが、とても実現できませんでした。今も本は増え続けております。

瀧　私も本は捨てられませんね。文房具なども昔から使っているものをいまだにまわりに置いていています。

樋口　仕事関係の書類や本は、過去の自分の人生とつながっているから、過去の自分を捨てるようで。

瀧　この本は数年前にあの人とあの場所で読んだとか、それぞれに思い出もありますよね。

樋口　特に肉筆のサイン本や、若い頃何とかして世に出ようと懸命に取り組んだ資料とかはねぇ。30年間、一度も棚から出したことのないものも多いのですけど。

瀧　でもそうしたものが、あるとき記憶の底に沈んでいた思い出を蘇らせてくれるものになりうる。記憶を呼び戻すきっかけになったりするのです。

樋口　簡単に捨てられないのは、そういうこともあると、無意識に思っているからかしら。

瀧　ですから、認知症予防にはモノを捨てないほうがいいといわれています。ところで、樋口さんは猫をずっと飼っていらっしゃるのですか。

樋口　ええ、今もまわりで飛びはねております。ちょっと体調が悪くてしんどくても、猫と遊んでいると笑顔になります。猫を呼ぶときはまさに猫なで声。娘を呼ぶのとは大違い。私にとって、猫は心の友ですね。

瀧　私も猫を飼っているのですよ。犬や猫は、言葉を話しませんが、気持ちが通じ合い、感情が伝わってくるのがわかりますよね。

樋口　脳科学的にペットの効能はどう考えられているのですか。

瀧　**エビデンス**として確立しているわけではないのですが、脳の健康にもいい影響があると私は思います。ペットと触れ合うことでストレスが明らかに軽減しますし、それだけでも健康状態に差が出てくるのではないでしょうか。

エビデンス
Evidenceとは、証拠、根拠の意。薬や治療方法など、それがよいと判断するときの証拠となるもの。

樋口　実感としてわかります。高齢になってから犬や猫を飼いたいと思う方、けっこういらっしゃるようですが、自分が病気で倒れでもしたら犬や猫の面倒を見る人がいないという理由であきらめている人も多いとか。それで調べましたら、高齢の飼い主と死に別れた動物のお世話をしている団体があることを知ったのです。私が死んだとき多少なりとも遺産が残ったら、気持ちばかりですけれど、そうした団体にも寄付をしたいと考えています。

瀧　養老孟司さんや内田百閒氏の著書にも猫と老後を過ごす喜びがつづられていますね。

樋口　老人を慰めた犬猫が穏やかに犬生、猫生を全うできる社会であってほしいです。

見た目と心身の健康は一致。おしゃれで長生きする時代

瀧　樋口さんはおしゃれにも気を配ってらっしゃいますよね。

樋口　今朝も朝９時から美容院に行って髪をセットしてまいりました。おしゃれは楽しいですから。

瀧　素敵です。身なりを整えることは、社会とつながることなのです。

樋口　若い頃のように新しい洋服を頻繁に買うこともなくなりましたが、ちょっと新しいものを見つければこの年齢でもいまだに立ち止まり

ますし、人のおしゃれにも目が行きます。

瀧　今、私たちの研究室ではファッションや化粧と脳の関係性の研究もしています。見た目というのは、これから男性も女性もますます大事になっていくと思います。

樋口　**男性より女性のほうが6年寿命が長い**でしょ。あくまで私見ですけれど、それは女性がいくつになってもおしゃれを楽しんでいるからではないかしら。

瀧　確かに、見た目と人の実際の健康は合致するともいわれています。一般に若く見える人は、外に出る機会が多いようです。いろんな人と話し、好奇心をもって活動している。そのために身だしなみに気をつけ、おしゃれにも関心をもち続けている。好奇心とおしゃれも関係していそうですよね。

男性より女性のほうが6年寿命が長い　日本人の平均寿命は男性が81・47歳、女性が87・57歳。厚生労働省「令和3年簡易生命表」より。

樋口　女性はおしゃれから会話が盛り上がることも多いのです。「そのスカーフ、素敵ね」「その色、似合っているわ」なんてお互いにほめ合って、仲よくなったりもするのですよ。

瀧　ジェンダーの垣根が取り払われつつある時代、私もぜひ見習わせていただきたいですね。

樋口　目指すはしゃれっけたっぷりで、溌剌《はつらつ》としたおばあさんとおじいさんがいっぱいの社会ですね。

第2章

思い出を生きる力に

私の長所

私がまだ小学1年生のときのことです。

寝室に初めて蚊帳が吊られた日、ただでさえおてんばな私は蚊帳の中で兄とふざけまくっていました。母は閉口していましたが、布団の上にドカーンと寝ては、尻をバタバタバタバタと叩いて、また布団の上にドカンと寝て……とやっている私に我慢ならなくなったのでしょう。

「恵子さん、お行儀が悪い。どうしてそんなにドタバタするの」

と言いました。

「明日また学校へ行って、門倉さんみたいないいお友達に会えると思うとうれしくてしょうがないのよ。明日が来るのが楽しみで楽しみで」

私はそう答えました。

それが口から出まかせだったのか、本当にそう思っていたのかは忘れてしまいましたが、その言葉と光景は今でも鮮やかに覚えています。

門倉さんは小学校の同級生のひとりで、勉強だけでなく、絵がうまくてオルガンも弾ける、芸能科目に優れた女の子でした。私は音楽が好きだったので、学校に行くと彼女をつかまえては、「門倉さん、オルガン弾いて」。歌の好きな友達を集めて、一緒に歌ったりしていました。

そのような友達を引き合いに出したことで、母もいささか感動したと見えて、「恵子さん、いいお友達が学校にいて、いいことね」とほめてくれました。

私は調子に乗って、「そうなのよ。明日が楽しみで眠れないよう」。

実際、私は本当にうれしくなってしまい、蚊帳の外にいる母から早く寝なさいと怒られながらも、なかなか眠れませんでした。


これはわれながらすごくいい性格だと思っています。

もちろんよこしまな感情もありますから、「この～、許すまじ」なんて怒ってけんかしたこともありますが、人の長所を認めること、それを口に出してほめるというところは、私の取り柄かもしれません。それに、つらいことがあっても、基本的には「明日が来るのが楽しみで仕方ない」と、91歳の今でも、毎晩寝るときに思っています。

これからもこの長所を失うことなく、そのまま人生が閉じられたらどんなにいいことだろうと思います。

優しかった母と、実家で飼っていた犬。母は、夫が急死して働きだした私に代わって、娘の面倒を全面的に見てくれました。今でも感謝しています。

推しはワン歳のニャン[1]

実家は、私が小さい頃から犬猫を飼っている家でした。

私は12歳で結核を患い、2年近くの療養を命じられました。そのとき猫が1匹、私の布団の中に潜り込んでくれて、それから何年も相手をしてくれて。以来、猫歴70年以上です。

今、わが家にいるのは4匹。いちばん若いジャスティは1歳の男の子です。

同居家族は私と娘だけですから、人間の平均寿命と猫の平均寿命を考え合わせて、猫が路頭に迷わない後ろ盾をつくることはちゃんとしております。

Zoom取材中に、猫たちが来ることも。かわいい！

兄と父の思い出

私には2歳上の兄がおりました。兄だけが眉目秀麗で、私は……。兄のおかげで、私は本当に陰惨な子ども時代を過ごしました。

写真屋さんが家族写真を撮ってくれるときも、兄は嫌がって嫌がって。

「恵子ごときバカと同列に並んで写真を撮る気はない」

私は自分が二男でなくてよかったと心から思いました。もし二男だったら、絶対にひねくれ者になっていたはずです。

父も、才色兼備の兄ばかりかわいがって、私という娘なんて、いるというそぶりも見せませんでした。そんな父でも、許してやろうかと思うことがふたつばかりあります。

私が10代の頃、**旧帝国大学**の中で女性が入れるのは東北大学だけでした。そして何かの折に、父が言いました。

「恵子は東京のいい女子大を出て、東北大学に行くんだな」

女性は東京大学に入れない時代でしたので、いい女子大を出てから東北大に、ということです。

兄に対する競争心が激しかった私は、「お兄さまは?」と、厳しい声で聞きました。父はちょっと鼻白んだ声で「坊は東大でいい」。

でも、そのとき私は満足しました。何はともあれ、父の中で、兄は東

旧帝国大学
戦前の国立大学群。現在の東京大学、京都大学、名古屋大学、東北大学、北海道大学、大阪大学、九州大学の7大学。

大、妹は東北大と、同一レベルの教育を授けようとしていることだけはわかったからです。

もしそこで、「恵子は大学など行かないでよろしい」と言われていたら……きっと心の中で父のはげ頭を引っぱたいて怒ったことでしょう。

残念ながら兄は東大へ行くことなく、15歳という若さで世を去ってしまいましたけれど。

またあるとき、父が思いついたように、130坪ほどの農地を買い取りました。

「うちには婿をとったり、分家を出したりするほどの財産はない。恵子にはあの130坪の土地に家を建ててやるから、嫁入りしないで、田舎の秀才の二男坊あたりと結婚して気楽に暮らしたらいい」

兄と撮った思い出の
写真。兄は優秀な人
でした。

父は機嫌がいいと、世間話みたいにそんなことを言うのです。私はすっかり舞い上がってしまいました。

親戚などが大勢わが家に集まったとき、離れと呼んでいた部屋の押入れから飛び降りたりしてはしゃいでいる私に、「恵子さん、そんなことをするとお嫁に行けませんよ」なんて言ってしかるオバアがいました。

私はその場では「はい」と聞いておくけれど、そのやかましいオバアがいなくなった後はこうです。

「恵子、いいんだもん。お父さまがお嫁に行かなくていいっておっしゃったもの」

私は昔っから、そんな憎たらしい子どもでした。

父の最期と、「いまだ名残惜しく候」

東京で考古学者として人生を終えた父。老後は、大学は定年退職しましたが、いくつかの県の史蹟調査顧問や県史編纂顧問となり、内務省の史蹟考査員、文化財専門審議会委員などを務め、学生の指導もしていました。第一の仕事を終えた人が新たなステージで働く姿を、そして年寄りの生活を父が私に見せてくれたのだと、今になって本当にありがたく

父
柴田常恵（1877〜1954）。明治の後半から昭和の前半にかけて活躍した考古学者。

内務省
1873年から1947年まで存在した日本の行政機関。警察・地方行政などの内政一般を担当した。

思います。

子どもの頃は、「おじいさまじゃなかったの？」と友人に言われて、年をとった父を恥ずかしく思ったことも。でも仕事への謙虚で貪欲な姿をいつも尊敬していました。高校生の私が歴史の質問をすると、どんなことでも喜んで答えてくれました。頼まれた仕事は断らない。どんな小さな仕事でもおろそかにせず、嬉々として働いていました。

あの日は、院生が博士論文の指導を受けにうちを訪れていたんです。「今日はちょっと頭が痛いから横になったまま相手をさせてもらうよ」と言って、父はいつものようにレクチャーを始めたそうです。しばらくやりとりがあって、急にものを言わなくなったので、院生さんが母を呼

中央で杖を持っているのが、考古学者の父・柴田常恵。その右斜め後ろが私。部屋には天井まで本が並んでいて、本当に学問が好きな父でした。

ぶと、駆けつけたときにはもう息がなかった。

一切苦しまず、好きな仕事をし、後に続く者を育てながら、すっと亡くなったんです。享年78でした。

父はなんて幸せな人だろうと思います。

死ぬその瞬間まで、学者、教育者として現役でい続けたんですから。私も、91歳まで生きていますから、天寿を全うしたというべきなのかもしれません。徐々に衰え、自分を開き、家を開き、人の世話を受け入れ、弱者に変容する時期を経て、基本的に感謝をしながらあの世へ行く覚悟をしたいとも思います。

でも正直を言えば、もっとこれをしたかった、あれをしたかったということが今、山のごとくある。いまだ名残惜しく候。やはり、父のように最期まで現役でいたい。長生きすると未練も深く長くなるのかもしれません。

第3章

老年よ、社会を見、財布を抱け

老いにはお金がかかります

老いはいつ、どういう形でやってくるかわかりません。心配してもしょうがないから、そのときが来たら「来た！」と思うしかないのです。私はあまり嘆かずに、何とか自分を使いこなそうと思っています。

私も少しだけ耳が遠くなり、補聴器のお世話になっていますが、娘からは補聴器の使い方が下手だと言われて、毎日のようにけんかをしております。

耳鼻科では「重症ではないですね」と言われたのですが、**高齢社会を**

よくする女性の会の小田原大会に向けて、相手の話が聞こえないと困るからと思って、自ら補聴器を作ったのです。

これが高いのよ。落としたら大変です。

安いものだと雑音が入ってしまうらしいけれど、私が買ったのはそこそこいいものでしたから、すごくクリアに聞こえます。

私は読売新聞のコラム「人生案内」の回答者を長年務めていますが、「おばあちゃんに『補聴器をつけて』と頼みたいけれど、頑としてつけてくれません」という相談も寄せられました。

高齢者のいる家族内では、聴力にまつわるコミュニケーションがいちばん早くダメになるようです。一般に視力よりも早くダメになるのが聴力なのです。

高齢社会をよくする女性の会
樋口さんが理事長を務めるNPO法人。1983年設立、2005年にNPO法人化。

どうやら安い補聴器では雑音が入ってしまうようです。それが不快で、二度と補聴器をつけなくなってしまい、家族が困っちゃう……。もう少しお金を出せば雑音を抑えてくれるし、もっといいものなら自分の聴力の範囲に合わせて、相手の発する子音が聞こえにくくなるように調節もしてくれるとか。結局、快適さを求めれば高額になるのです。

ことほどさように、老いにはお金がかかります。補聴器も眼鏡も保険適用外なので自費です。

私は補聴器代の**医療費控除**を受けようとしたら認められませんでした。どうやら認定補聴器専門店で、最初から控除を受けられるやり方をして購入しなければいけなかったよう。そんなことは知らず、面倒くさいからとデパートで作ってしまったので高くつきました。

医療費控除
自分や家族のために、1年間に払った医療費が基準額を超えるとき、受けられる所得控除。補聴器の購入前に、補聴器相談医に診察してもらい、補聴器が必要と判断され、認定補聴器専門店で購入した場合、一定の医療費控除を受けることができる。

多くの人はそういう仕組みを知らないと思います。私も税理士さんに言われて初めて知ったのですから。そういう手続きをして、しかるべきところで作れば医療費控除を受けられたのだと思いますが、時すでに遅しです。

先日は1万円弱で杖を買いましたけれど、杖代の医療費控除も受けられないそうです。杖があれば通院ができるなど、治療に必要なものなら認められるかもしれませんが、私の場合はダメ。ただ仕事で外に出ることが多いので、税理士さんが必要経費として申告してくださいました。

幸いにも目はいいのです。2~3年前に初めて眼鏡を作りました。ちょっと乱視があるものだから、ひとりでフラフラ出歩いているとき駅のホームで行き先の表示が見えにくくなったのです。

寝転んで新聞や本を読んだりするくらいなら、眼鏡は一切いりません。

あれやこれや、本当に、老いるとはお金がかかるものですね。

老いのトップバッターとして

89歳のとき、乳がんの手術を受けました。まさか90歳を目前に乳がんになるなんて……と落ち込んだりもしたけれど、手術は無事成功。ギリギリ間に合った、というのが本当のところかもしれません。

何しろあと1カ月でも老いていたら、私の体が全身麻酔に耐えられなかったかもしれないのです。高齢期の手術は、体にそれだけ負荷がかかりますから。だから体調が崩れたり異変を感じたりしたときは、一刻でも早く病院に行ったほうがいい。これは私の経験から、皆さんに強くお伝えしたいことのひとつです。

そして迎えた91歳。手術が成功したといっても体調は万全ではありません。

自ら先頭に立って社会運動を引っ張っていくような時期はもう過ぎました。今まで属してきた研究団体や活動団体は人さまにお任せすることとし、団体内で人事異動や後継者の指名などを行ってほしいと考えています。

そうは言いながらも、老いのトップバッターであることは自任しておりますから、今後も自分の老い方を書き残していこうとは思っています。

やっぱり生きているというのは面白いことです。

高齢者のネットワークをつくりたい

厚生労働省の発表によると、2025年には65歳以上の高齢者のうち5人に1人が認知症になる計算だとか。大変な時代になりました。どうしましょうかねえ、本当に。

アメリカには「AARP（American Association of Retired Persons

厚生労働省の発表　日本の認知症高齢者の数は、2025年には約700万人に達することが見込まれている。厚生労働省「認知症施策推進総合戦略（新オレンジプラン）概要」より。

／全米退職者協会）」という、約４０００万人（２０１０年時点）の会員を有する世界最大の高齢者ＮＰＯ団体があります。

イギリスには「Ａｇｅ ＵＫ」という英国最大の高齢者支援全国組織があり、80年以上にわたって高齢者の権利や生活を守るための活動を行っています。

それなのに、日本には高齢者の声を代弁するしっかりとした機構がありません。ヨタヘロ期は社会との関わり方が大きなキーワードになるというのに。

だからこそ、高齢社会問題にちゃんと意見を言える組織、ネットワークをつくりたい。私は今、そんなことを考えています。

ヨタヘロでも、社会といかに関わるかは重要なのです。

私の中学時代の仲よし4人組のひとりも、晩年は認知症になって、何もわからなくなってしまいました。私のこともわからなくなっていましたが、私たちが見舞いに行くと、自分に好意をもっている人が来てくれたということだけはとてもよくわかるようで、ニコニコ、ニコニコ。

彼女の枕元にはしっかり年金を残して旅立った夫の写真があります。「この方、どなた？」と聞くと、「さあ？」と言ってニコニコ。「あなたがこうしていい生活をしていられるのも、みんなこの方のおかげなのよ」と言うと、「あら、そう？」とニコニコ。

そんな彼女も80代後半で亡くなりました。

現在、日本では**認知症新薬**の承認申請が行われています。こうした治療薬が保険適用で使えるようになればいいなとは思いますけれど、はた

認知症新薬
アルツハイマー病治療薬「レカネマブ」。2023年1月、アメリカ、欧州に続き、エーザイは製造販売の承認を厚生労働省に申請。9月に正式に承認された。

してどれくらいの効果があるのか……。

すでに91歳の私は、今くらいのボケ方であればまわりの方々に助けていただきながら、何とかかんとかごまかしながら生きて、そのまま死ねたらいいなと願うばかりです。

「高齢社会をよくする女性の会」設立へ

私がNPO法人「高齢社会をよくする女性の会」を立ち上げたきっかけは、今から50年も前になります。介護の問題が大きくなってきた頃ですが、世の中は「嫁がやればいい」という風潮で、政府は何も動きませんでした。

嫁といったって、きょうだいが少なくなりつつある時代でしたから、

1人の女性が2人ぐらいの親の介護を抱えるような状態でした。
そんな頃、ようやく女性の意見を聞こうという動きが出てきて、女性たちが集まって話をする機会が増えました。保守系の論客代表が**高原須美子**さん、優秀な方でした。私は、リベラル派のひとりでしたが、意見を交換した際、互いに思想は違うものの、ジェンダーや高齢者の介護などについては意見が一致したこともありました。

それ以降、介護問題に端を発し、女性の集会を行うようになりました。
当時はNPOなんて言葉もない時代。とにかく声をかけて集まって、顔を見合わせて話し合う。論客もいれば一般の方もいるけれど、「とにかく一度、女の本音を語り合いましょうよ」と。

高原須美子
1933～2001
日本の政治・経済評論家。経済企画庁長官などを歴任。

そうしているうちに、「女性の会」をつくろうという動きが広まりました。でも、会の運営にはお金がかかります。そんなとき公益財団法人生命保険文化センターが助成金を出してくださることになりました。

生命保険文化センターから私宛てに資金援助をいただき、第1回、第2回、第3回と、3年間引き続いて大会を開催。この3年の間に「やっぱりこれは恒常的な会にして、老いに対する女性の発言のルートにしよう」という声が膨らみました。

そうしたいきさつで私が代表になり、「高齢社会をよくする女性の会」がスタートしたのです。

当時、私はまだ40歳を過ぎたばかりの雑魚です。**田中寿美子**先生や**吉沢久子**先生には多大なご協力をいただきました。大先輩方が「しっかり

田中寿美子
1909〜1995
日本の政治家、女性問題評論家として活躍。

吉沢久子
1918〜2019
日本初の家事評論家。随筆家。晩年までひとり暮らしをし、仕事を続けた。

やんなさいよね」と温かく見守ってくださったことには、今でも感謝の念に堪えません。

「樋口恵子賞」を立ち上げて

2022年、卒寿を記念して**「樋口恵子賞」**を創設しました。

この賞は、高齢者が自立し、生きがいをもって暮らせる社会の実現に向けて活動している個人や団体を表彰するものです。

プレス発表を行い、新聞や雑誌などで告知していただいたおかげで、私より若い世代の方々からたくさんの応募をいただきました。あんまり応募が来なかったらどうしようと心配しておりましたので、とてもうれしく思いました。

樋口恵子賞
2022年創設。高齢女性が社会に参加し続けられるような超高齢社会を創り出すために活動している個人、団体を表彰するもの。「高齢社会をよくする女性の会」主催。

そして同時に、世の中には偉い人がたくさんいるもんだと感心もいたしました。

審査を公平にするために、私自身は選考に関わっておりません。実行委員会による審査を経て、選考委員による審査で受賞者が決定。結果的にはひとりの個人とふたつの団体に、第1回樋口恵子賞を贈ることとなりました。

私自身は当初、別に「樋口恵子」という固有名詞を冠した賞でなくていいと思っていました。しかしながら、私個人にくださったわけでもないけれど、何となく「樋口恵子」として受賞し、副賞としていただいた賞金がけっこう貯まっていたのです。

たとえば、2021年にいただいた津田梅子賞は副賞が30万円。他にも日本女性放送者懇談会の賞など、これまでさまざまな賞をいただいたことで、預金通帳にはかなりの金額が積み立てられていました。

樋口恵子個人として受賞したものであっても、実際は私が率いている社会的な活動をよしとしてくださっているわけです。それを全部、私が独り占めするのもどうか。いただいたお金を全部使っても、私の生活が困ることもなさそうだし……そう思って、「樋口恵子賞」を立ち上げました。


毎年100万円使っても、10年は継続できそうです。

市川房枝さんのような歴史に残る大人物じゃなし、資金が尽きたらやめればいいだけ。私がやめる頃には誰かが新たに始めるでしょう。そういうことでよいと思っています。

二宮尊徳、偉い人ですねえ

「高齢社会をよくする女性の会」では、1996年から歳末の「女たちの討ち入りシンポ」が恒例行事となりました。

毎年テーマを決めて、社会問題に討ち入りするのです。過去には厚生労働省の役人が面白がって「今日は吉良上野介役で参りました」とおっしゃって、私たちが討ち入りをしたことも。これまでさまざまなテーマに「物申す！」と声を上げ、世の中に発信してきました。

また発足以来、「高齢社会をよくする女性の会」の全国大会も開催してきました。ここ数年はコロナ禍で少々勢いが弱まってしまいましたが、何はともあれこの40年、毎年どこかで全国大会を開いてきたというのはすごいことだと思っています。

2022年11月に開催した神奈川県・小田原大会では、**二宮尊徳**の教え、「**一円融合**」がテーマでした。

正直に申し上げて、二宮尊徳さんなんて遠い記憶の中にしかおりません。薪を背負いながら本を読んで歩く「二宮金次郎像」（金次郎は尊徳の別名）で知られていますが、戦時下の小学生だった私はあの像を見せられて、「勤勉であれ」「孝行せよ」と強制されすぎたため、「二宮金次郎、もうけっこう」という気持ちになったものでした。

二宮尊徳
江戸時代後期の農政家、農民思想家。相模小田原藩領の農村復興に成功して認められ、幕臣に。

一円融合
二宮尊徳の報徳思想にある、すべてのものは互いに働き合い、一体となって結果が出るという教え。

ところが、ひょんなご縁で小田原市が共催してくださることになり、第41回となる小田原大会が実現しました。

私はこの大会に先立ち、すっかり忘れかけていた尊徳さんのことを勉強するべく、二宮尊徳関係の本を何冊か読みました。

感心したのは、尊徳が心から尊敬されていることです。内村鑑三が『代表的日本人』という著書の中で、日本を代表する5人の中のひとりとして二宮尊徳を挙げています。

また、よくよく本を読んでみると、尊徳はすごい人だということがわかりました。江戸後期という四民平等ではない時代に、士農工商の差別をせず、市民平等の組合的な発想で農村復興政策を指導したのです。いわば地方創生の先駆者。「へえ〜、偉い人ですねえ」と感心すると同時に、あの像のせいで本人は損をしているんじゃなかろうかと、いらぬ心配までしたのでした。

小田原は尊徳さんのホームグラウンド。大会には尊徳をまつる報徳二宮神社の宮司さんもおいでくださり、お話をしてくださいました。

二宮尊徳の映画も上映したのですが、それがまたいい映画なのです。やる前は「二宮尊徳の映画なんて観るの？」とみんな閉口していたけれど、実際に上映してみたら本当に面白くて。とても立派な人物だったと皆が意識を改め、盛況のうちに幕を閉じました。

ヤングケアラーは大人社会の恥

日本が遅れているのは高齢者の問題だけではありません。近年話題となっている「ヤングケアラー」の問題についても、日本はかなり出遅れていると感じます。

ヤングケアラー
Young-carer

「ヤングケアラー」とは、本来は大人が担うべき家事や家族の世話・介護などを日常的に行っている子どものこと。その責任や負担は子どもが抱えるには重く、学業や友人関係に影響することも多々あります。

「ヤングケアラー」という言葉は1980年頃にイギリスで生まれたよ

うです。その頃から日本にも若い介護者はいたはずですが、近年「ヤングケアラー」というネーミングが注目されるようになり、ようやく関心をもつ人が増えたというのが現状です。

そこで先日、私たちはヤングケアラーの勉強会を開催しました。NPO法人介護者サポートネットワークセンター「アラジン」の理事長・牧野史子さんに講演していただき、YouTubeでイギリスのヤングケアラーの実情を見せていただいたのですが、もう本当に頭が下がる思いでした。

イギリスはヤングケアラー支援の先進国です。ヤングケアラーたちを集めて、休ませてあげて、楽しませてあげて。サポートする制度がしっかり整っていました。

日本とは全然違います。日本でもようやくヤングケアラー支援が始まっていますが、まだまだ追いついていないことを痛感しました。

ヤングケアラーは大人の恥です。当事者の子どもたちが社会の端から滑り落ちていくのを、日本社会は20年も30年も放置してきたのですから。これはとても恥ずかしいことです。

とはいえ、これだけ介護者が減っているのですから、ヤングケアラーはこれからもっと増えるでしょう。ヤングケアラーが置き去りにされないよう社会全体でどう支えていくのか、これからの日本の大きな課題だと思います。

老年よ財布を抱け

人生後半期の最大の山場は介護と相続です。あちこちの家庭でドンパチ起これば、しんねりむっつりのにらみ合いもする。親戚一同を巻き込んだ大混乱社会がやってくるでしょう。

介護に関してキーパーソンとなるのは嫁。嫁が親の介護にお金を出す覚悟をしていれば、7割くらいまで解決できるでしょう。逆に口だけ出してお金を出さない嫁の場合は、最悪の結末が待っているかもしれません。

親の介護となれば、「きょうだいが大勢いるほうが、皆で話し合いながらできるから頼もしい」と思う人もいれば、「余計な雑音が入らないからひとりのほうがラク」と思う人もいるでしょう。

どちらが正解ということはありませんが、そうした条件は自分がつくり変えるわけにもいきません。その条件下で、自分にできることをやるしかないのです。

相続に関しても考え方は人それぞれでしょう。生前の財産管理については、私は今でも自分でやっております。

自分のプチ財産は最後の最後まで自分で管理したい。数百万円くらいのお金は自分で自由に出し入れできるようにしておくほうが、心が広くいられるように思います。

「青年よ大志を抱け」

「中年よ妻子を抱け」

「老年よ財布を抱け」

これが私のスローガンです。


相続で子ども同士がもめることがあるならば、いちばん悪いのは親です。「あんたにあげるからね」と、みんなに同じことを言ってはいけません。

ダイヤの指輪をみんなに「あげる」と言いながら、指輪は1個しかないのでは？　言われたほうは当てにして、「私のものだ！」と大げんかになるわけです。

心当たりのある方は、その指輪を直ちに売って、小さい指輪を相続人数分買い直してくださいませ。

私の場合は家族が独身の娘ひとりだけですから、まあ寂しいものです。寂しいけれど、寂しいということは面倒がないということ。相続人がひとりじゃけんかのしようもありませんから。

第4章

捨てるより、好きなものに囲まれて

捨てるのはご勘弁

ありがたいことに、90歳を過ぎても外に出る機会が多々あります。そういうときは、90は90なりのスーツ姿で参ります。髪の毛は前日に美容院に行って整えて。身だしなみには気をつけているつもりです。

今でも洋服はひと部屋分ほどあります。このごろは収入も減っているはずなのに、お金があんまり減りません。洋服を買わなくなった、正確には買いに行けなくなったからです。

あんなにバーゲンが大好きだったのに。以前はデパートやホテルに入っている高級ブティックでバーゲンがあると、よく足を運びました。なじみのお店だと、私が訪れる前に私のサイズに合わせて、「これは樋口さん向き」というものをとっておいてくださって。バーゲンですから何割引きかで買えて、うれしかったものです。

でも、ここ10年ほどはもうぷらぷらぷらとショッピングというのがなかなかできなくなりました。つまらないなあと思っています。

私に似たサイズの人が周辺にいますので、洋服はそういう方々に譲ったりして手放すことはいたします。

でも捨てることはいたしません。というより、捨てる能力がないのです。だから捨てる方を批判する気はまったくございません。むしろ「捨てられるなんて偉いなあ」と尊敬しています。

そして、洋服以上に手放せないのが本です。84歳で家を建て替えたとき、ある程度は整理しましたが、いまだどんどんたまるばかり。ご著書を送ってくださる方がたくさんいらっしゃるので、自分では買わなくても毎月増えていくのです。

歴史的に価値のある本もたくさんあるのですが、あまりにも量が多いので探すこともできません。そういう意味で「もったいない」という気持ちもどこかにあって、なかなか手放せないのです。

私なんかよりよっぽど学究的な物書きの方々だって、みんな涙をのんで、どこかで自分の資料と惜別している……そう思ってはみても、しょうがないですよ、これは。

家を建て替えるときに一度は整理したわけですから、「あとは勘弁」

というところです。私亡き後はもうガバッと捨てていただくしかありません。

モノを捨てるより、家を建て替えるのが私らしい

無謀だと言われつつも84歳で家を建て替えました。お金もかかりましたし、引っ越しの疲れも予想以上でした。でも、毎日の暮らしが本当にラクになりました。決断してよかったと今は思います。

40代で建てた木造2階建ての家は、亡夫と私の膨大な本と資料で、痛めつけられていました。２００７年の大雨で盛大な雨漏りが始まり、２

70万円かけて修理したんです。でも東日本大震災の後、耐震性の検査を受け、震度5以上の地震に見舞われたら全壊の恐れあり、と専門家に言われて。私の寿命が木造の家の寿命を追い越してしまったのですね。

もともとは、私の老いの住み処としては、有料の民間高齢者施設に入るつもりでしたが、家を処分したら同居している娘の住むところがなくなってしまう。娘にせめて家くらいは残してやりたかった。親子で住んでいると、**相続税の軽減**もあるため、建て替えを決意しました。

建て替えのときに娘から、「荷物を半分捨てるように」言われたんですよ。過去の自分の人生を捨てるようで、捨てられるものが哀れで……引っ越し応援団とともにやっと3分の1ほど減らしましたが。ひとりだったらとてもできなかったでしょうね。いくら税制上有利とわかってい

相続税の軽減
同居要件を満たせば相続税が軽減できる「小規模宅地等の特例」のこと。故人が居住していた宅地（特定居住用宅地等）の場合、330㎡までを限度として、相続税評価額を80％減額することができる制度。宅地を相続する人が「同居する家族」であることなどが必要。

ても、虎の子の貯金が減ると心細さも募って、一時、金欠うつにもなりました。

新しい家に住んで、もう7年。書棚はいっぱいで段ボール箱も積み上げられたまま、片づくメドもつきません。でもすきま風なく、冬暖かく、夏涼しく、それは本当に快適です。疲れたらすぐに横になれるように書斎と寝室をひとつづきにしたんですよ。部屋のすぐ近くには風呂場とトイレも設けて。

エレベーターや手すりをつけて、バリアフリーの家にしてあるので、この家で自分らしい人生を懸命に生き続けたいと思っています。そしていよいよ家で暮らせなくなったら高齢者施設（有料老人ホーム）に移り、介護を受けるつもりです。

どこでも手すりが命綱

新居に引っ越して7年になるのに、新しい本棚に本を並べ切れず、段ボールの箱をいくつも積み上げています。処分もできないので、少しずつやっていくしかありませんが、私の寿命にも限りがありますので片づくかどうか……。

でもね、客間は余計なものは一切置かず、いつもすっきりさせているんです。この客間があるのでいつでも気軽にお客さんを招き入れられる。すっきり片づけるのが苦手な私にとっては、この客間は大正解。

また、つけてよかったと思うのは、電動雨戸です。重い雨戸を出したり引っ込めたりは大変。これならスイッチひとつで、シャッターの上げ下ろしができ、防犯にもなります。風呂場に乾燥機の機能がついているのも、すぐに干せてラク。毎回ベランダに干しに行くのは大変ですからね。

手すりもいくつあっても困りません。三十数年前に転倒して右膝を強打し、整形外科で作ってもらった補助具がないと、長距離の歩行ができないんです。家では手すりに頼っています。廊下、階段、トイレ、浴室、とどこでも手すりをつけているんですよ。

書斎が2階にあるので、宅配便が来ると、玄関に出るまで時間がかかるんです。階段の手すりにすがって、一歩一歩下りる。配達の人をお待たせして申し訳ないけれど、手すりのおかげで何とか普通の暮らしが送れています。重いものを2階へ運ぶために、室内エレベーターもつけましたが、足を鍛えるために、なるべく階段を使っています。

アクセサリーは「形見配布委員会」へ

若い頃からおしゃれが好きです。そのときそのときに「あら素敵」「あら欲しい」と買っていたら、けっこうな数のアクセサリーが集まりました。指輪、ネックレス、ブローチと、たくさんあります。

特にパールが大好きで、「パールさえあれば何もいらない」というくらい。私がテレビなどに出るときによくつけていたので、「樋口さんはパール好き」という定評があったほどです。

これらのアクセサリーは、「形見配布委員会」（仮称）というものをつくって、皆さんに分けてもらおうと思っています。

ずいぶん前になりますが、娘に「何ていったって娘なんだから、あなたが好きなだけとって、残った分を形見配布委員会に回したらいいでしょう」と言ったことがありました。

その頃の娘はまだ若い盛りだったので、「そんな年寄りじみたものはひとつもいらん」なんて偉そうなことを言っていました。

でも、このごろになって「全部欲しいかも。形見配布委員会には、あまり残らないかもしれない」と言いだしています。

本当はとても値打ちがあるといわれたダイヤの指輪もあったのですが、15年くらい前に泥棒に入られまして。当時、わが家はガラス戸だけで、不用心だったのです。

そのガラス戸を突き破られて盗まれたので、それからは警備保障会社のセキュリティサービスに加入して、防犯対策をするようになりました。

最近は凶悪犯罪が増えているとか。フィリピンを拠点に日本国内で詐欺や強盗を働く集団がいたり、自宅に置いてあった現金3000万円が奪われたりと、恐ろしい事件が多発しています。

そんなニュースを聞くにつけ、あのとき指輪が盗まれただけでよかった、泥棒と鉢合わせしなくてよかったと心底思うのです。

少しずつ集めてきたパール。ネックレスもまだまだありますが、みんな中級品。

我かりんとうを食す、ゆえに我あり

私は食いしん坊です。何しろ戦争中の子どもでございますから、何でも喜んでいただきます。どちらかといえば、お魚よりはお肉のほうが好きかしら。進んで食べたくないのは、さつまいもとかぼちゃくらいです。

今は週に2回、シルバー人材センターから助っ人が来て料理を作ってくれるので、「今日は何かな？」と、ご飯が楽しみになりました。

デカルトは「我思う、ゆえに我あり」と言いましたが、私は「我食す、ゆえに我あり。そして共に食す、ゆえに人なり」と思っています。ひとりで静かに食べるのもいいですけれど、人間の食事というのは太古の昔から家族や部族らとともにあったもの。平和も陰謀も、創造的な会議も、宴会とともにありました。人間の習性に従った食べ方を、いくつになってもしていきたいと願っています。

さりとて、昔のように空腹が次の行動を促すとか、胃袋が切り立ってくるような空腹感とかいうのはなくなりましたけれど。

おやつは、あれば毎日いただきます。甘いもの、大好き。特に好きなのは巴裡 小川軒のレイズン・ウイッチ、豊島屋の鳩サブレー、新宿中

村屋のかりんとう。レイズン・ウイッチは、ひとつ食べると、ついつい
ふたつ目にも手が伸びてしまいます。

中村屋のかりんとうは高校時代からの好物。試験勉強があると、よく買いに行きました。仕事をするようになってからも、かりんとうを1袋買ってきては缶に入れて、ボリボリ、ボリボリ。原稿を書きながらむさぼり食べていたものです。

私は若い頃からお酒をほとんど受けつけません。これは父方の遺伝で、体質だと思います。お酒が飲めない代わりに甘いものを、というわけです。

昔はお酒の席を苦痛に感じたこともありました。乾杯の一杯くらいはおつき合いしますが、そもそもお酒が好きではないのです。

「樋口さんが酒飲みだったら面白いのになあ」
「酒を飲まなくたって酔っ払ったみたいだもんねえ」
お酒の席ではそんなことをよく言われました。自分でも、飲めないことでずいぶん損していると思ってきました。

あるとき乳業ジャーナリストの前田恒子さんに、「飲めないことで損していると思うのよ」と言ったら、「おけいちゃん、酒を飲まないおかげであんたも私もここまで仕事ができたのよ」と返されました。

確かに、そのとおり。ズルズルと居残ることなくサッと引きあげられるし、皆が酔っ払っている時間に仕事もできましたから。

でもやっぱり、お酒を飲めたほうがもっと楽しかったんじゃないかなあ。今頃になって、そんなことを思います。

骨が強いのは牛乳のおかげ⁉

私はこれまで何度か転倒していますが、一度も骨折したことがありません。

還暦の年には知人宅の階段で足を踏み外し、膝を強く打ちつけました。90歳の夏には自宅で転倒し、顔面を強打。それでも骨が折れることはありませんでした。

ただし、顔や体はあざだらけ。赤あざ、青あざ、紫あざ。色とりどりのあざは、しばらくすると黄色くなる。しっかりと観察しております。

私、体は強くないけれど、骨だけは強いのかもしれません。

中学時代に結核を患い、母が必死になって山羊乳を飲ませてくれました。毎朝、台所口に配達される牛乳を、お行儀悪くグイ飲みすることもしょっちゅう。そんなことを戦争が激しくなるまで続け、常に乳製品を欠かさなかったことが骨を強くしたのではないかと思っています。

今でも牛乳は好きですよ。1合（180㎖）くらい、軽く飲んじゃいます。朝食はほとんど食べないので、せめて牛乳くらいは飲むようにしているのです。

年齢を重ねたら、文化系より体育会系

私の個人的資質からいうと、私の娯楽・レクリエーション・息抜きは明らかに文化系です。

子どもの頃からピアノを習い、音楽のサークルに所属。高校時代は新聞部に属して、本を読んだり、演劇などを観たり、ずっと文化系で過ごしてきました。

でも、年齢を重ねるにつれ、演劇でも音楽でも「出かけて観る・聴く」ことには定年があるということがわかりました。出かける能力・体力がなくなると、これらの文化系活動はできなくなるのです。

私がそうした文化系の楽しみを享受していられたのは、非常にマメで気配りがよく、きっぷのよいお姉さまがいらっしゃったからでした。ところがある日、肝心のお姉さま自身が「私、一幕一場がもたなくなっちゃったのよね」とおっしゃいました。お手洗いです。あるときは急いでトイレの順番を待とうとして、転びそうになったとのこと。「これはもう出かけられない」ということになりました。

私も、芸術鑑賞の帰りにタクシーを確保するのに苦労した経験があります。どこかに出かけていって観る・聴くということには、やはり限界があるなあと思いました。

私の今の生活はというと、お金も時間もかなり体育会系にシフトしています。まあ、言葉をかえれば「リハビリ」なのですけれど。

1週間~10日に1回、なるべく月に3回は体を動かすようにしています。1回1時間、リハビリ体操の個別指導を受けているのです。

このリハビリをすると血の巡りがよくなるような気がします。体操後は助手からも「顔色がよくなったわね」と言われるんですよ。

文化系を好む方の邪魔をする気はさらさらありませんが、長らく生きてまいりましてつくづく思うことは、年齢を重ねるほど生活の中に、体育会系の要素を増やしていったほうがいいんじゃなかろうか、ということです。体って、いのちの器《うつわ》ですものね。
91歳の私が声を大にして推奨いたします。

第5章

多病息災　百歳確実

多病息災で生きていく

よく一病息災といいますが、残念ながら年寄りは「一病」とはいかないもの。私もいろいろ気になるところはあります。

体の上のほうから挙げていくと、まず頭。最近、大事なものをどこに置いたかすぐわからなくなるので、これはボケが始まったかなと思ったり。気管支が悪いらしく、喉や鼻の奥はしょっちゅう痛い。数年前には、胸腹部大動脈瘤が破裂する恐れがあるというので、問題のある大動脈瘤を人工血管に入れ替えるという大手術も受けました。左右の膝は変形性関節症にかかっています。極めつきは、89歳での乳がんの手術。

こういうことをいちいち気に病んでいたら、息もできません。高齢者は、「一病息災」ならぬ「多病息災」という気持ちで病とつき合いながら生きるのがいいのではないでしょうか。

私は大手術の後、「手術成功　部品交換　修理完璧　新品同様　益々元気　百歳確実　乞御期待」とお見舞いのお礼状を書いたらみんなあきれていました。もちろんこちらも本気ではありませんが、年をとったら病気はいたわりつつ、とらわれないことです。

ピンピンコロリは幻想

私が理事長を務める「高齢社会をよくする女性の会」の広島代表で、社会学者の春日キスヨさんが、「ピンピンしている元気な時期の後に、半分自立しているヨタヨタヘロヘロの時期があり、その後にドタリと倒れて寝たきりになる」とおっしゃいました。

まさにヨタヨタヘロヘロになりつつあった私は「これだ！」と思い、「ヨタヘロ期」と名づけて、あちこちでお話ししたり書いたりしているわけです。名付けの親は春日キスヨさんですのでここに明記いたします。

その反響から春日さんが感じるのは、皆さん、ピンピンコロリ願望が強すぎるということ。

長く終末期介護のサポートをしている春日さんから聞いた話では、「ドタリと倒れてから半年くらいをピンピンコロリとするならば、実際にピンピンコロリで亡くなる人は1割ほど」とのことでした。

つまり、多くの人はドタリと倒れた後、数カ月から年単位で寝込むことになるのです。

そして、自立して日常生活を送れる健康寿命の割合は、女性よりも男性のほうが長い。介護保険の利用理由を見てみると、女性は骨折、転倒、骨粗しょう症、この3つの事故・疾病だけで全体の3割を占めます。要するに運動機能の問題です。一方、男性はというと、全体の3割を占めるのが心臓病、脳血管症。心臓および循環器系の病気です。

言ってしまえば、男性のほうが死にやすいということ。女性のほうは、骨折したってずっと生きているわけです。

もちろん男性にもヨタヘロしながらでも元気に長く生きてほしいと思いますが、数のうえからいうと、ヨタヘロ期を長く過ごすのは圧倒的に女性です。

だからこそ、ヨタであろうとヘロであろうと、なけなしの身体的能力を振り絞ってでも運動の習慣をもったほうがいいと思います。

家の中を動ける、自分が行きたいときにトイレに行ける、それはヨタヘロ期を過ごすうえでとっても大事なことです。

ピンピンコロリは確かに理想的ですが、現実はそう簡単にはいきません。

ドタリと倒れてから、さてどうやって生き延びるか。私にとって、そしてこれからの社会にとっても大きな課題です。

祝福の言葉

私は77歳のとき、術後は心肺機能が6割に低下するという大手術を受けました。

心臓・肺・循環器系では日本で1、2番という病院で手術を受けましたところ、「あと半年は心臓系のリハビリを受ける必要がある」という診断書をきちっと書いて自宅近くの地域包括支援センターに回してくれ、私は「要支援1」をいただきました。

リハビリだけのデイサービスに通うと、体操に加えて玉乗りもありました。大きな玉に腰かけてコロコロするのです。

実は私、玉乗りがうまいんですよ。これは女子高出身の強み。体操の時間はお遊戯のようなことばかりやっていましたから。


そんなことをして遊んでいるうちに半年が過ぎて、デイサービスでのリハビリも今日が最後という日が来ました。

そこに通っているおばあさまたちの中には、私が樋口恵子という人で、介護保険の創設にも関わった人間だと知っている方もいれば、私の顔なんか見たこともないという方もいましたが、私はとにかくどちらの方にも、「今日で終わりでございます」と挨拶しました。

すると、私のことを知らない方がこう言いました。

「樋口さん、こんなにいい制度があるのに今日でやめるんですか？　いいことを教えてあげます。**区分変更申請**をなさいまし。再審査でまたサービスを使えるようになった例をいくつも知っています。こんないい制度を使わない手はありません。今日おうちへ帰ったら、すぐにそれをなさいまし」

私は「ありがとうございます」と言いながら、危うく落涙しそうになりました。

介護保険創設に関わった人間のひとりとして、制度を使う側の方がそう言ってくださる現場に立ち会えるなんて、なんと幸せなのだろうと。

ただ、私の状況で区分変更申請をしてもダメだということも、よく知っています。だから申請はせずに終わりましたが、思いがけない祝福の言葉をいただいた瞬間でした。

区分変更申請
要介護（要支援）状態区分の変更を求める申請のこと。介護度が上がればより多くの介護保険サービスを受けられる。申請する場合は、市区町村の担当窓口に「区分変更申請書」を提出する。主治医の意見書も必要。

90代は「転倒適齢期」

私が70歳前後だった頃、政治家で社会運動家だった**加藤シヅエ**先生と対談させていただくことになりました。
当時、加藤先生は今の私よりもほぼ一世代上のご高齢。日程も決まっていたのですが、ある日先生がご自宅で転んで骨折し、手術をしなければいけなくなった、とのご連絡をいただきました。対談は先延ばしということで、難なく交渉がまとまりました。

加藤シヅエ
1897～2001
日本の政治家、婦人運動家。

3カ月ほど経ち、加藤先生は無事ご退院。私は先生のお宅へ伺いました。きれいに片づいたお部屋で、敷居の段差には絨毯が敷き詰めてあります。

「ご自宅で転倒なさったと伺いましたが、このように段差もない中で、どうして骨折されたのですか？」

私が挨拶の常套句のつもりで聞きましたら、加藤先生は、

「そのへんに立っておりましたらね、ふわーっと転んだんです」

とおっしゃいました。

「私の年になりますと、立っているだけで、何かの拍子でふわーっと転ぶのです」と。

まだ70歳前だった私には全然わからないわけです。「そういうものでございますかね？」というのが、話の出だしと終わりでした。

そんな私が2022年の6月、自宅で郵便物か何かを取りに行こうとして玄関の上がり框《かまち》のところに立ったら、ふわーっと倒れました。前に倒れて、頬骨をかなり強打したのです。

強打したといっても頭を打ったわけではないし気絶もしなかったし。「さあて困ったもんだわいな。立ち上がれるかな」と思って、まわりにつかまるものを探し、首尾よく立つことができました。

わが家のお隣さんは以前アメリカで暮らした経験があり、とても気さくに近隣をまとめてくださるありがたい方です。そろそろと立ち上がった私は、「ごめんください」とお隣さんへ。

「転んじゃった。連絡してください」とお願いして、助手とシルバー人材センターのスタッフさん2人に連絡をしていただきました。その後、医師である娘に電話してもらい様子を伝えたところ、「それなら大丈夫だろう」とのことで、事なきを得ました。

ここでようやく加藤先生のお言葉が腑に落ちました。90歳を超えると、何かにつまずかなくとも、立っているだけでふわーっと転ぶのです。

小石や段差につまずいて転ぶのは70代。

黙って立っているだけで転ぶのが90代。

胸を張って保証できる「転倒適齢期」です。

第6章

91歳、本当は「ひとりでも大丈夫」じゃない

「おひとりさま」か「不本意同居老人」か

昔は……といっても、つい10年、20年前まで、高齢者は都市圏にいる子どもの家に引き取られることがよくありました。「呼び寄せ老人」「引き取り老人」なんて言葉があったくらいに、ひとり暮らしになると残ったばあさん、たまにはじいさんも、そして老夫婦も引き取られていたわけです。

これを行政用語でいうと「不本意同居老人」。そんなうれしくない言葉があったそうですが、今は不本意同居がほとんどなくなりました。そもそも子どものほうだって同居なんかしたくない。年寄りのほうは自分ひとりじゃどうしようもないから、不本意ながら行っていたわけです。それが最近は、「いいから、いいから。まだひとりで大丈夫。もうちょっと弱ったら頼む……かもね」。

というわけで、おひとりさまがこれだけ増えているのです。

そして、その背景にあるのは介護保険と**遺族年金**。この制度が整ったからこそです。介護保険制度ではおひとりさまでもさまざまな介護サービスや福祉サポートを受けることができ、夫亡き後は遺族年金が受給できます。

遺族年金
遺族基礎年金と遺族厚生年金がある。亡くなった人によって生計を維持されていた遺族は、亡くなった人の年金の加入状況などにより、いずれか、または両方の年金が受け取れる。

昔はひとり暮らしになった高齢者は子どもからの仕送りで生活していました。仕送りしてもらっておいて「私はここにいたい。そっちの家には行きたくない」とは言いづらいでしょうから、不本意同居もやむなしという状況だったといえます。

そういう意味では、現代は社会全体が豊かになったのです。だから「行かない、同居しない」と言えるようになった。ひとり暮らしはお金がかかりますからね。

ところが今、電気代やガス代が上がっています。こんなに光熱費が高くなると「もうひとりでは暮らしていけない」なんて声も聞こえてきそうです。

もしかしたら、「不本意同居老人」がまた増えるかもしれませんね。

ひとり時間の過ごし方

昔、雑誌の取材で「これからの高齢者は『ひとり力』がないと生きていけない」とお話ししたことがありました。だって、いつかはひとりになっちゃうんですもん。

でも、自分が老いて実感しました。ひとりでも大丈夫と思いたいけれど、本当は全然大丈夫じゃない、と。

それでも人間、究極はみんなひとり。たとえ大家族であったとしても、おのおのに意思があり、結局は自分ひとりです。寂しくもありますが、そう思って生きていくしかありません。

さて、私のひとり時間はというと、寝転がって本を読んだり、新聞を読んだりしています。そうすると、娘に「起きろ！」「食べろ！」としかられるのが常です。

仕事に関係のある本もよく読みます。一遍読んで、二遍読んでから「へえ〜」と思ったりすることもあります。

昔は藤沢周平が大好きでした。あの世代の作家としては、という前置きが必要ですが、男尊女卑のジェンダー意識から解放されて、自立したいい女性がたくさん出てきます。

もちろん作品は作品として読みますから、山本周五郎や吉川英治、剣豪小説を書いている五味康祐なども面白がって読んだものですが、やっぱり藤沢周平が面白い。ドラマはあまり見ませんが、「三屋清左衛門残日録」はさすが藤沢周平、気に入りました。

新聞は3紙契約しています。寝転ぶ時間がないときは2階の自室から1階へ下りていって、新聞をチェック。隅々まで目を通すとはいかないけれど、とにかく3紙には全部目を通します。

何といっても新聞くらい面白いものはない。今でもそう思っています。

同居家族がいても「おひとり死」はありうる

私には**上野千鶴子**さんという勝手に目標としている十六歳年下の論客がいます。仲はいいのですよ。ただある意味、私のほうが上野さんに近寄った、ともいえるかもしれませんが。

上野さんは「おひとりさまの老後は誰にでもやってくる」と言っていますが、そのとおりだと思います。

上野千鶴子
社会学者。詳しくは163ページ。

近年は交通事故で亡くなるおひとりさまよりも、お風呂で亡くなるおひとりさまのほうが多い。それよりもさらに、自宅の周辺で転倒して亡くなるおひとりさまが多い。

つまり、「昼間ひとり死」。上野さんがわざわざ「おひとり死」と旗を振らなくても、どんどん後続部隊は押し寄せているのが現状です。

私だって以前に転倒したとき、打ちどころが悪く長く気絶してしまっていたら、「昼間ひとり死」ということになったかもしれないのですから。

私は娘と同居していますから、国勢調査的にはひとり暮らし高齢者ではありません。でも日中、娘は仕事で家にいないので、実質的にはひとり暮らし高齢者と同じ。こういう「隠れひとり暮らし高齢者」がごまんといるのが現代社会です。
昼間ひとりになるのであれば、家族がいるからといって「おひとり死」にならないわけではないということを心得ておく必要があります。

そして、医者の死亡診断書というものも、このところ急速に変わりつつあります。

自宅で亡くなった場合、家族がいれば市区町村の役所へ医者の死亡診断書を提出すれば葬式が出せるわけです。しかし、すべての医者が、近所に住んでいるからといって診断書を書いてくれるとは限りません。

かかりつけ医といっても、往診しないのであれば本当にかかりつけ医といえるのかどうか。今その定義をどうするかについて、日本医師会と厚生労働省が協議している最中ですので、結論を待ちたいと思います。

だから皆さんに注意してほしいのは、「本当にかかりつけ医はいますか?」ということ。自分が死んだら、きちんと死亡診断書を書いてくれる医者を探しておくことが大事です。

スペシャル対談

上野千鶴子さん／社会学者×樋口恵子さん／評論家

「貧乏ばあさん」でも慌てない 今から準備できること

日本の経済状況が悪化しても、高齢期を生き抜く知恵と覚悟があれば未来は明るいはず！

親交のあるお二人に、貧困にならないために何ができるか、語っていただきました。

上野さん「最初に答えを言っちゃいましたね」

樋口さん「貧乏ばあさんをなくす世界的な解決法は、あらゆる女性が職場に出て、納税者になることです」

うえの・ちづこ●1948年富山県生まれ。京都大学大学院修了。東京大学名誉教授。認定NPO法人「ウィメンズアクションネットワーク」理事長。女性学・ジェンダー研究のパイオニア。著書に『おひとりさまの老後』『家父長制と資本制』など。

女性の非正規雇用がBB（貧乏ばあさん）を生む

樋口　世界ががらっと変わった気がします。コロナ禍、ロシアのウクライナ侵攻、円安、物価の上昇……怒濤のようにとんでもないことが起きてしまいました。

上野　東日本大震災が起きたとき、瀬戸内寂聴さんが「その前に死んでいたらこんな悲劇を見なくてすんだのに」と、おっしゃっていたけれど、今回もまさかということが次々に。

樋口　ロシアが侵攻したとき、上野さん、電話をくださったのよね。「すごく怒ってます」って。でも私はその日、血圧が不安定で寝込んでいたので、何を言ってるかわからなくて。そしたら上野さんから、時勢を把握していないってしかられたの。

上野　新聞は毎日読んでらっしゃるんでしょ。

樋口　3紙読んでいますよ。その日はまだ読んでなかったけど。ヨタヘロでございますから、ポストに新聞を取りに行くのが遅くなることもあるんです。それにしてもねぇ。私は根が楽天的にできているから、世の中が進めば民主主義社会が世界に広がっていく、平和が一番とみんなが思うようになると、明るい希望をもっていたんですが、こんな世の中が来るとは。

上野　ええ。高齢者にとってもいっそう厳しい状況になりました。

樋口　私が貧乏ばあさん、略してＢＢ問題を提言したのは12年前でしたが、おっしゃるとおり、今のほうが問題は深刻になりつつあります。年金は目減りするし、物価は上がるし。

上野　ＢＢ問題のお先は真っ暗ですよ。

樋口　解決策はひとつしかないとわかってきたんです。「あらゆる女が職場に出て、平等な扱いを受けて、給料を得て、自分の生活を支えるだけではなく、税金や公共料金の担い手として、男並みにそれも払う」。これ、です。エスピン・アンデルセンというデンマークの社会学者も私とまったく同じことを言っております。

上野　樋口さん、いきなり結論を言わないでください（笑）。

樋口　思わず言っちゃいました（笑）。

上野　でも貧乏ばあさんがたくさん生まれた理由は、その正反対のことが起きているからです。無業の主婦の長期にわたる稼得能力（所得を生み出す力）のなさが原因なんですよ。

樋口　生涯賃金が年金に反映されるわけですからね。

上野　ＢＢ予備軍ともいうべき、専業主婦とか無業の主婦というのは、労働の免除という特権をもっていると思われがちですが、実は家庭責任を負わされて、夫と社会から労働を禁止されていると言ってもいい。今でも妻が働くときに夫の許可がいる。許可がいるってことは禁止されているってことでしょう。

樋口　日本国憲法の27条に「すべて国民は、勤務の権利を有し、義務を負う」とはっきりうたわれてはいるのにね。日本国憲法が発布されたのは私が中学2年生のときでした。あのときクラスメートとじっくり読んで、いちばん好きだったのがこの27条でした。

上野　変わりもんの娘だったんですね。当時の女子には婚姻の自由のほうが、圧倒的に人気だったでしょう。

樋口　ええ。27条好きは私ひとり。でも現実は違っていて、就職試験で次々に落とされて塗炭の苦しみをなめることになりました。

上野　BB問題は長く女性を、労働市場から排除してきたために起きるべくして起きたというのは確かです。

働かないというのは主婦の特権ではない

上野　高齢女性の貧困度は、離別した女性、非婚の女性、夫と死別した女性の順。これは多くの女性が正規で働いていないからなんです。死別の多くの場合は遺族年金がありますから。

樋口　**離婚時の年金分割**が認められたとき、高齢者の離婚が増えるんじゃないかと思ったけれど、そうはならなかったんですよね。

上野　離婚したら、年金はマックスで2分の1。BBと貧乏じいさんができるだけです。夫を看取れば4分の3もらえますからね。

樋口　どっちが得かと考えると、待っていたほうがいいということになるんでしょうね。

上野　遺族年金は夫の看取り保障です。

樋口さんも専業主婦だった時期があるんですよね。

樋口　就職の鉄の扉に絶望して、私は覚悟が足りないものですから、一

離婚時の年金分割
離婚した場合に、婚姻期間中の保険料納付額に対応する厚生年金を分割して、それぞれの年金とすることができる。「合意分割」と「3号分割」がある。

時期、専業主婦に逃げ込みました。

上野　そのとき働かなくてもいいというのは主婦の特権だと思いましたか。今も若い男たちが言うんです。「女性は結婚っていう逃げ道があっていいな」って。

樋口　特権とは思わなかったなぁ。

上野　本当は排除なのに、そう思い込まされている人が多いんです。もう一度仕事をしようと思ったきっかけは何ですか。

樋口　ある人の言葉に激励されたのよ。何だと思います？　池田内閣の「所得倍増計画」。専業主婦でひとり子どもを抱えて、母とも同居していた私は奮い立ちました。

上野　げぇ～っ、初めて聞いた。

樋口　私、お金が好きなのよ。経済が基本だと思っているから。政策を

池田内閣の「所得倍増計画」
池田勇人内閣が掲げた長期経済政策。1960年12月、「国民所得倍増計画」が閣議決定された。主に輸出増進により社会資本の充実、産業構造の高度化を目指した。高度経済成長の土台となった計画。

見るとこれは実現しそうだと、片っ端から就職試験を受けまくりました。

上野　正直でいらっしゃる。

樋口　それで当時上り調子だった出版社・学習研究社に採用してもらったんです。母が子どもを見てくれました。

上野　母と同居。優しい夫。お金が好き。なるほど、それが樋口恵子さんをつくった。

樋口　上野さんがジェンダー研究を進めるきっかけは何だったんですか。

上野　私の母は専業主婦でしたが、朝から晩まで働いていました。子どもも3人を育て、長男の妻として家を守り、姑の面倒を見て、気難しい夫に仕えて。母のやっていることは何だろうって、それが私の出発点ですね。大学の社会学の教科書の冒頭に、近代社会における性分業は男は生産・女は消費の性分業である、とあって、私、のけぞったんです。消費なんてとんでもない。女は家事、育児、介護というただ働き。消費という名の再生産労働だった。けれど私たちの世代の女たちはなだれを打って専業主婦になりました。いそいそ喜んで専業主婦になった人ばかりではなかったんじゃないかな。当時は保育園の数は少なく、3歳までの子を預かってくれるところはほぼありませんでした。

樋口　子どもを見てくれる人がいなければ働けない。

上野　労働をしないというのは強いられた選択であり、女はそれを幸せだと思い込まされたんです。そして介護の担い手として組み入れられたということなのではないかと思います。

樋口　上野さん世代のほうがむしろ、それが鮮明だったのかもしれない。いずれにしても、働く女も、女の職業も低く見られていましたが。

働けるうちは働き続ける

上野　年金制度を設計した人は、こんな超高齢化社会が来ようとは思ってなかったに違いないんです。

樋口　ピンピンコロリで死にたいと思っても、今は医療が発達しているからなかなか死なせてもらえません。

上野　高齢者世帯の収入の割合で、公的年金が80％以上を占める世帯が約6割です。全体の平均で言うと、公的年金の割合は62・3％、稼働所得21・5％、財産所得6・9％（厚生労働省国民生活基礎調査、202

2年)。

樋口　ものすごい数字ですね。平均だから。年金だけに頼っている世帯が本当に多いということ。

上野　国民年金の少なさは大問題です。国民年金が少なく抑えられていたのは、自営業者や農家の人が対象で、死ぬ直前まで店や畑に出て働けるだろうという前提だったから。けれど超長寿社会になり、自営業者のじいさんばあさんも寝たきりになっていく。それを予測していなかったんでしょう。

樋口　サラリーマンや公務員の妻に適用される国民年金第3号被保険者も問題ですよね。年金は払った人が受け取るのが原則ですが、サラリーマンの妻は年金を払わずに年金を受け取ることができる。

上野　1986年から実施されたこの制度のために、サラリーマンの妻は非正規雇用でいいとなってしまったんです。この制度のために女たちは年収103万円、130万円の壁に直面する。低賃金、低年金とし、ひいては妻を夫や舅姑の介護に縛りつけることになった。既婚の女性たちが介護の担い手になるご褒美に、専業主婦にこの基礎年金をあげようというロジックが隠れていました。40代以上の無業の主婦を介護役割から逃がさないように。

樋口　今も女性は非正規雇用が多いですよね。

上野　日本の女性の生産年齢人口の7割が働いていて、そのうちの6割が非正規雇用です。非正規の平均年収は200万円前後。賃金の低さがまんま年金に反映されるので、BBは今後も増え続けます。女性の働き方を変えなければBBは決して減りません。

樋口　ですから年金が足りなければ、まずは稼ぐことなんです。

上野　ＢＢやＢＢ予備軍も働けるうちは働き続けるしかありません。70歳になって働くことなどできるかしらと言う人が多いけれど、仕事はあります。

樋口　介護関係は高齢の働き手も多いですよ。

上野　ええ。高齢者を労働者として吸収する新しい市場が、介護マーケットです。実際、定年がなく、70代、80代のワーカーさんも働いています。

樋口　コロナ禍と物価高で生活が苦しくなった人は増えていますよね。

上野　もし、年金を含めた世帯の収入が最低生活費として定められた13万円よりも少なければ、生活保護を申請してほしい。高齢の貧乏ばあさんのセキュリティネットは生活保護です。生活保護水準以下の低年金の場合は、保護費との差額を補填してもらえます。年金が７万円しかなかったら、6万円もらえます。

樋口　それ知らない人、多いんじゃないかしら。生活保護を受けると、医療費と介護保険料が無料になるというのも助かりますよね。

上野　働いて日本の社会に貢献して、税金も払ってきたんだから、躊躇せず権利を行使してほしいと思います。

「こうやって毎日郵便物をポストまで
取りに歩くのも、健康の秘訣なのよ」樋口

「それなら、玄関にもっと
手すりをつけたほうがいいですよ」上野

安心して社会的弱者になれる社会に

上野　5月にお誕生日を迎えられたんですよね。

樋口　90歳になりました（対談は2022年）。膝も肩も首もズキズキミシミシして、満身疼痛のヨタヘロ状態。老いとは思いがけない負の自分との出会いの連続だと実感しております。

上野　コロナが始まる前にお会いしたときよりも、お元気そうに見えますよ。

樋口　上野さんに会うので、朝から駅前の美容室に行ったんですよ。髪をやってくれたのは85歳の美容師さん。高齢でも、腕はいいの。

上野　歩いて行かれたんですか?

樋口　タクシーです。坂があるし、道が狭いから。もう外出は車ですね。

上野　先ほど、ポストまで新聞を取りに行くとおっしゃったでしょう。玄関を出たら階段もあるし、門までの道も平らじゃない。手すりをつけたほうがいいんじゃないですか。

樋口　そういえば2021年に家の階段から転げ落ちたの。全身打撲になりました。手すりがあったのに。

上野　骨折も何度かしていますよね。

樋口　何度も転ぶのに骨折はしないんです。でも目を光らせ、足を踏み締め、気をつけて歩いてきたから、今こうして何とか生きていると私は考えているんですよ。

上野　それを自己過信と呼ぶんです。

樋口　101歳で亡くなられた吉沢久子さんは「毎日1回、郵便ポストまで行くのが運動になる」と言ってファクスも使わなかったとか。私は、その感覚わかります。

上野　ご本人にとってはそうでも、たぶん編集者泣かせですよ。樋口さん、介護保険サービスは利用しているんですか。

樋口　いいえ。ただシルバー人材センターの人に週2回、炊事、掃除、洗濯などの家事を依頼しています。介護保険は利用せざるをえなくなったら利用します。

上野　なるほど。ぎりぎりまで使わないおつもりなんですね。

樋口　私、このごろ、ひとりひとりが歴史の担い手であると改めて感じているんです。変化の時代を生きてきて、女性を取り巻く環境は少しずつよくなってきた。私が所属する団体もこれからの2年で上野さん世代にすべて引き継ぐつもりです。介護保険料値上げの嵐が起きるかもしれない。高齢者もＩＣＴ（情報通信技術）を活用して、ネットワークを上手に使えるようにしておかないと。

上野　安心して社会的弱者になれる社会に近づけていきたいですね。

ＩＣＴ
Information and Communication Technologyの頭文字をとったもの。

樋口さんへの質問状

Q 90代に入り、心境の変化はありましたか？

振り返ると、「60代なんてまだまだ若い。70代は老いの華。あるいは老いの働き盛り」だったと思います。

80代で私は、無謀にも家の建て替えと引っ越しをいたしまして、これが本当にこたえました。財布もスッカラカンになり、気持ちが沈み、食欲もなくなり、一時は死にかけるほど体調が悪化。これこそ本物の老いだと腹をくくりました。

けれど90歳になった今、それもまた、老いの入り口にすぎなかったと、感じています。

ヨタヘロの老いの先に想像もしなかった老いが控えているのです。自分の衰えに戸惑いつつも、痛みと対話しながら、自分にできることはないか、喜びはないかと考えながら、毎日を過ごしています。（樋口さん）

樋口さんへの質問状

Q キャリアをバリバリ積んでいらした印象があり、昔、専業主婦だったというのが意外でした

私はジャーナリズムの道に進みたかったんです。けれど多くのマスコミは女性を募集していなかった。最終的に、時事通信社に入社しましたが配属先が決まらないなど、まったく期待されない存在で、1年ちょっとで辞めて無職に。ダメ女でした。

そこで感じのいい夫と結婚したんです。娘も生まれ、専業主婦とし

て、奥さん同士でお茶をしたりサークルに入ったりしていたのですが、池田内閣の「所得倍増」のスローガンに心動かされ、夫にも「いずれ君が活躍できる場所が見つかる」と言われ、奮い立ちました。新聞の求人広告を見て、履歴書を100通は書きました。まずはアジア経済研究所の臨時職員に。そして学習研究社に正規採用され、人生が変わっていきました。

（樋口さん）

上野さんへの質問状

Q 樋口さんは上野さんにとってどんな存在ですか

この人に頼まれたら何を差し置いても駆けつける私のグレートレディーズのひとりであり、ロールモデルです。

長い年月、女の人を束ねてきた組織力、そして高齢社会を介護保険で変えた実行力の素晴らしさは言うまでもありません。

年を重ねても、時代にちゃんとキャッチアップし、柔軟に対応しているうえ、エネルギーにあふれ、貪欲であり続けているところも魅力的です。

年をとると頭が固くなるといわれますが、そうとは限りません。むしろ、若い人たちのほうが思い込みが強く頭が固いところがあるんじゃないかな。

ヨタヘロからさらに老いの果てに向かっていく先人・樋口さんの姿をこれからも見せていただきたいと思っています。


（上野さん）

第7章

「多死社会」を生きるあなたへ、エール

高齢社会から多死社会へ

高齢社会の先に待ち受けているのは、年間150万人以上が亡くなる「**多死社会**」。あと15年ほどで、日本は「多死時代」に突入します。ところが、多死に対応する社会システムはまだできていません。火葬場や葬儀場は満杯で、1週間待ち、10日待ちが当たり前。特に人口の多いところは大変で、すぐにお葬式ができる人なんてめったにいないでしょう。

これからは、そんな多死時代をくぐり抜けて生きなければいけないの

多死社会
高齢化の後に、死亡数が増加し、人口減少が加速する状況。団塊世代が80歳代後半期となる2030年代には、年間150万人以上の死亡者数が見込まれている。

です。もう死ぬのか生きるのかわかりません。大勢の団塊世代がこうした事態に直面しています。

私は2022年の「高齢社会をよくする女性の会」小田原大会で皆さんにご挨拶したとき、こんなお話をしました。

聞くところによると、今生まれた子どもが90代になったときには、50%ほどが生きているだろうとのこと。そして、私と同じ昭和7年生まれの男性は25%が、女性は過半数が今なお生きているらしい、と。

この話を聞いた男性は「女性はそんなに長生きするのか」と驚き、「そうやって亭主をあの世へ届けて、女性はひとりで生き残るのかと思ったら、自然に女性に『ご苦労さまです』という気持ちが湧きました」とおっしゃっていました。

私はその言葉をとても安らかな気持ちで聞きました。お互いがそういうふうに思えれば、だいぶいさかいが減るだろうと思ったのです。

女性の大半は老後に夫を見送るのです。だからこそ女性はなおしっかりしなければなりません。

介護保険制度で老老介護を乗り切る

40〜50年前は「嫁が介護の担い手」というのが当たり前と考えられていましたが、最近は「自分の親の介護は自分で」というのがスタンダードになりつつあります。

そうなった背景にあるのは、女性の地位の向上という以上に、介護者の数の問題。子どもの数が少なくなっても親は残っているわけですから、仕方のないことです。夫婦の親が4人そろっているけれど、子どもは2人しかいない、なんていう状況もザラにありますからね。

昔の嫁は、実家の親の面倒は他のきょうだいに任せて、義父母の面倒を見ていられましたが、今はそんなことは言っていられません。介護に関しては、嫁は絶滅危惧種なのです。

日本人の既婚男性の多くは妻に看取ってもらって死にます。そして女性は85歳になると3分の2が独身に戻ります。

だから、決して弾劾する意味ではないのですが、男性のほうが自分の老後に少し無責任になるのも無理はないと思います。

逆に妻が先に倒れた場合、夫も介護をするでしょうけれど、やはり限界があります。男性は家の中に人の手を入れたがらず、全部ひとりで背負おうとしがちですが、頑張りすぎて共倒れに……という危険もあります。

倒れるのが、夫が先でも妻が先でも、それは誰にでも起こること。せっかく介護保険という制度があり、しかも保険料としてお金も払っているわけですから、ぜひ介護保険を使っていただきたいと思います。

それが「老老介護」を乗り切るキーポイントです。

メディアがあおる世代間対立

新聞などを読んでいると、最近は世代間対立をあおるような記事が増えてきていると感じます。

私は繰り返し「大介護時代」と言ってきましたが、それは今までのことではなく、これからのことです。歴史始まって以来のボリュームゾーンである団塊の世代が、これから後期高齢者——私に言わせれば「ヨタヘロ期」を迎えるのです。

完全に倒れて寝たきりというほどではないにしても、家の中でも杖や支えがいる半自立の人が増えてくる中で、**介護に必要な人手**は○○万人と、もう計算ができています。そして、その必要な数には絶対に届かないことがわかっているのです。

それなのに、そういうことをちっとも議論しないで、やれ防衛力だの何だのばかりを、どんどんどんどん決めていく。

私が「何とかしてくれ」と言ったところで、総理大臣じゃありませんから、どうにもならないことばかりです。

そして、今の政府は子どもや子育て家庭のための支援政策を強く打ち出していますが、メディアではその財源として老人のほうからお金を取ることばかりが取り上げられます。

みんなで次の世代を支えるのは当たり前。それはいいんです、どんど

介護に必要な人手
団塊の世代が後期高齢者となる2025年度に必要な介護職員の数は、約243万人と厚生労働省は見通す。2019年度の介護職員数は約211万人。この時点の数と比べると32万人不足することに。

んやってください。でも、メディアが年寄りから取ろうという記事ばかり書くから、じいさんばあさんは怒ってしまうわけです。

高齢者から取ってもいいですよ、払える人からは。でも、高齢者の中にもお金のない人はいるから、そこからは取らないでください、ということです。

メディアの書き方が世代間対立をあおっているように思えてなりません。断絶を助長するような記事の取り上げ方は改めていただきたいと思います。

団塊の世代、さらに次の日本へエール

これからやってくる「大介護時代」「多死時代」は、団塊の世代の人たちをどううまくあの世に送れるかがカギ。この世代がいなくなったとき、**日本の総人口**はグッと減り、国のムードもガラッと変わると思います。

だからこそ、ここをどう乗り切るか、為政者も国民もよい意味での国難だと思ってちゃんと取り組まなければいけません。「国民が総力を挙

日本の総人口
2023年の日本の人口は、1億2330万人（世界第12位、「世界人口白書2023」より）。日本の人口は2011年以降、連続で減少している。2025年以降、約800万人いる団塊世代が後期高齢者（75歳）に。国民の4人に1人が後期高齢者という、超高齢社会を迎える。

げて取り組む課題」ということです。日本の未来がかかっているのですから。うまく乗り切ることができれば、日本は小さいけれど、そこそこ豊かな国でいられると思います。

ところが今、Z世代と呼ばれる10～20代前半の人たちにアンケートをとると、半数ほどが「子どもは欲しくない」「そもそも結婚もしたくない」と思っているとか。日本の若者はそんなにも将来に希望をもっていないのかと、やり切れない思いです。

ともあれ、まずは大介護時代を乗り切ることが大事。だから団塊世代の人たちには「頑張れ、頑張れ」とエールを送りたいと思います。

では団塊世代の人は、何を頑張るのか。それは、少しでも長く働いてほしいということです。特に女性には、働くことで社会との関わりをもち続けてほしいと思います。

できることならお金を稼げればいいけれど、ボランティアなど社会参加をすることだって健康維持に役立ちます。それで医療費が下がれば、結局、国全体としては稼いだことになりますから万々歳です。

私は91歳の今もこうして仕事を続けています。「働き続ける意欲はどこから湧いてくるのか？」と聞かれることもありますが、答えは簡単。ご注文があるからです。

こちらから営業することはありません。どうやって売り込みをしたらいいいか、わからない商売ですから。

この年になってもご注文をいただけるというのは、大変ありがたいことです。まずはご注文にお応えしつつ、今後ご注文が来なくなったら、自費出版をしてもいいと思っているテーマで本を書きたいと思っています。そのためにささやかな貯蓄の努力を重ねてきました。

私は以前から、アメリカのキング牧師の「アイ・ハブ・ア・ドリーム」（私には夢がある）という言葉を使って、「年寄りこそ夢をもとう」と呼びかけていました。長い経験をもつ高齢者が夢をもたないで、どうして社会全体が希望をもつことができるでしょうか。高齢者に残された時間は短いのですから、見果てぬ夢でいいのです。夢に年齢制限はありません。

「高齢者よ、大志を抱け！　大夢を画《えが》け！」です。

日本から介護に苦しむ人が
いなくなること。
女性がますます社会進出できる
制度を整えること。
『日本嫁哀史』を書き上げること。
地域行政に子育て世代の
女性の意見を反映させること。
これが　91歳、私の夢。

おわりに

私は人並み優れたところはないけれど、だいたい標準的に生きてきたと思っています。特別早かったこともなければ特別遅いこともないから、転ぶべきときには転ぶし、ボケるべきときにはボケてきました。

年齢相応にボケてしまうのは仕方のないこと。私だって、ヤレ長く生きすぎたと思うものの、こればっかりは自分ではどうしようもないのです。

91歳。老いの地平線は、見えているのですがまだたどり着きそうもありません。

でも、老いを必要以上に怖がらず、嘆かず。社会に感謝したり、怒ったり、口出ししたりしながら、老いの地平線を目指しましょう。どうにかこうにかごまかしながらでも、最期まで生き切ることができれば上等です。

最後になりますが、私が今でもこうして仕事を続けていられるのは、頼れる助手の河野澄子さんと佐藤千里さんのおかげです。ありがとうございます。

そして、最後まで読んでくださった読者の皆さまに心より感謝申し上げます。

2023年6月

樋口恵子

著者プロフィール
樋口恵子（ひぐち　けいこ）
1932年生まれ、東京出身。東京大学文学部卒業。時事通信社、学習研究社勤務などを経て、評論活動に入る。東京家政大学名誉教授。ＮＰＯ法人高齢社会をよくする女性の会理事長。『大介護時代を生きる』『老～い、どん！② どっこい生きてる90歳』『老いの福袋』など著書多数。

NPO法人高齢社会をよくする女性の会事務局
所在地：〒160-0022　東京都新宿区新宿2-9-1-802
TEL　：03-3356-3564（月・水・金）
FAX　：03-3355-6427
E-mail：wabas@eagle.ocn.ne.jp

初出一覧
●100歳に向けて人生の歩み
　『ゆうゆう』2021年1月号
●瀧靖之さんとの対談
　『ゆうゆう』2023年2月号
●上野千鶴子さんとの対談
　『ゆうゆう』2022年9月号
記載がない部分は、本書のために新たに作成されました

装丁／藤田知子
装画／たんじあきこ
取材・編集協力／本木頼子
撮影／廣江雅美、中村 太、松木 潤（主婦の友社）、
　柴田和宣（主婦の友社）
制作／松田修尚（C-パブリッシングサービス）
制作協力／村上 歩、宮崎央子（主婦の友社）
編集／井頭博子（主婦の友社）

老《お》いの地平線《ちへいせん》
91歳《さい》 自信《じしん》をもってボケてます

令和5年8月31日　第1刷発行
令和6年1月20日　第6刷発行

著　者　樋口恵子《ひぐちけいこ》
発行者　平野健一
発行所　株式会社主婦の友社
〒141-0021
東京都品川区上大崎3-1-1 目黒セントラルスクエア
電話 03-5280-7537（内容・不良品等のお問い合わせ）
049-259-1236（販売）
印刷所　大日本印刷株式会社

 ISBN978-4-07-455522-2

■ 本のご注文は、お近くの書店または主婦の友社コールセンター（電話 0120-916-892）まで。
＊ お問い合わせ受付時間　月～金（祝日を除く）10:00 ～ 16:00
＊ 個人のお客さまからのよくある質問のご案内　https://shufunotomo.co.jp/faq/